中国基础教育电子教材发展战略研究报告

ZHONGGUO JICHU JIAOYU DIANZI JIAOCAI
FAZHAN ZHANLUE YANJIU BAOGAO

陈 桄 黄荣怀 著

北京师范大学出版集团
BEIJING NORMAL UNIVERSITY PUBLISHING GROUP
北京师范大学出版社

图书在版编目(CIP)数据

中国基础教育电子教材发展战略研究报告 / 陈桄，黄荣怀
著.—北京：北京师范大学出版社，2013.8
ISBN 978-7-303-15632-0

Ⅰ.①中… Ⅱ.①陈…②黄… Ⅲ.①基础教育－视听教材－
发展战略－研究报告－中国 Ⅳ.①G632.3

中国版本图书馆CIP数据核字（2012）第 269279 号

营 销 中 心 电 话　010-58802181 58805532
北师大出版社高等教育分社网　http://gaojiao.bnup.com
电 子 信 箱　gaojiao@bnupg.com

出版发行：北京师范大学出版社　www.bnup.com
　　　　　北京新街口外大街19号
　　　　　邮政编码：100875
印　　刷：北京中印联印务有限公司
经　　销：全国新华书店
开　　本：170 mm×230 mm
印　　张：9
字　　数：162千字
版　　次：2013年8月第1版
印　　次：2013年8月第1次印刷
定　　价：39.00元

策划编辑：胡廷兰 范 林　　责任编辑：毕海滨 陈瑞玉
美术编辑：王齐云　　　　　　装帧设计：王齐云
责任校对：李 菡　　　　　　责任印制：孙文凯

前　言

　　信息技术的快速发展与普及使得我们的生存环境发生了巨大变化，在环境的影响下，信息时代学习者的行为方式也在发生相应的变化。有研究表明，信息技术已经在逐渐改变人类的大脑结构和认知方式，伴随着计算机和互联网成长起来的新一代学生通常被称为"数字土著"（Digital Native）或"网络一代"（Net Generation）。这里笔者想举两个例子：第一个例子是自己的两个孩子，他们是典型的在计算机和互联网包围下成长起来的"数字土著"，在很小的时候就学会了用多点触控的方式操作 iPad，知道可以到互联网上的视频分享网站找到自己喜欢的玩具评测视频，最近甚至还学会了网上购物；第二个例子源自 2012 年我们在北京市做的一项面对中小学生的大规模网络生活方式调查，这次调查结果发现，"北京市中小学生普遍拥有较长的网络接触时间、较频繁的网络使用、较丰富的网络接触内容，互联网已经成为北京市中小学生获取知识、休闲娱乐以及人际交往的重要媒介平台。但是相对于网络娱乐，学生们在利用网络开展学习方面并非十分乐观，使用意识和技术水平均需要加强引导和教育"。此外，还有一些研究发现，"数字一代"具有很强的快速信息检索能力，更擅长同时处理多种任务，喜欢寻求新异刺激，但也存在注意力不容易集中等诸多问题。

信息时代生存环境和学习者的变化对教育形态与教学方式带来了根本性的冲击。传统的学习方式正面临一场变革，以适应信息时代的要求。为促进学习者轻松、投入和有效地学习，当前的数字学习环境正在逐步进化为智慧学习环境。智慧学习环境作为数字学习环境的高端形态，在学习资源、学习工具、学习社群、教学社群、学习方式、教学方式六个方面有明显差异。其中，教材是智慧学习环境的基本要素，其改革是推动教育教学发展的关键环节。

当前传统纸质教材在走向具体的教育情境时，它所固有的稳定性、封闭性和静态性与现代教育情境的多样性、开放性和动态性之间存在的冲突和矛盾日益显著。因此，电子教材便在这样的背景下应运而生。所谓电子教材，是一类遵循学生阅读规律、利于组织学习活动、符合课程目标要求、按图书风格编排的电子书或电子读物。它具有表现形式多样化、动态更新、节省纸张、减轻书包质量等优势。近年来，美国、韩国、新加坡、日本等主要发达国家都在积极开展电子教材相关的研究。教材数字化已经成为世界各国基础教育改革的一个重要方向和突破口。但电子教材毕竟属于新生事物，目前无论是国外还是国内都缺乏系统而深入的相关研究。

我国教育管理部门很早就意识到教材数字化的重要意义。为此，教育部基础教育二司及其教材处于2010年底委托北京师范大学教育学部知识工程研究中心对我国基础教育阶段的电子教材发展战略进行相关调研。在这个背景下，笔者组织成立了由教授、青年教师、博士、硕士组成的电子教材研究团队，在全国范围内进行了为期10个月左右的调研，并向教育部提交了《中国基础教育电子教材发展战略研究报告》，刘利民副部长对报告做出如下批示："研究报告非常好，具有前瞻性，落实纲要，推动基础教育信息化，要加强电子教材的发展，特别是研究美、日、韩等国的探索，要超前规划，在部分地区可先行先试。"本书即是在该报告基础上补充最新研究成果并修订而来，主要包括以下五方面内容：

第一，笔者综合采用访谈、问卷调查等多种方法对我国基础教育电子教材应用现状、发展趋势及用户需求进行了深入调研，调研核心结论如下：

（1）电子教材出版已初具规模。据教育部公布的教学用书目录来看，共涉及76家出版社，其中33家已开始了电子教材出版或数字出版，所占比例达43％。不少出版社已尝试从纸质出版向电子出版转型，并涉足互动电子教材的开发。一些电子教材出版公司正在积极开发网络版互动电子教材，并对电子教材市场具有极大的信心。

（2）电子教材应用试点研究的信息化基础条件已较为成熟。从教育经费投入、教育信息化基础设施建设、数字教学资源建设、师生信息素养等方面来看，北京、上海、广东、浙江、江苏、天津等地的教育信息化建设比较成熟，而中西部如青海、内蒙古、贵州、江西等地的教育信息化建设还较为薄弱。地方教育管理者认为可以在有条件的学校开展电子教材应用试点研究，并表示会积极支持电子教材革新课堂教学的公共服务体系建设。

（3）电子教材应用试点研究还需要教师、学生和家长的支持和参与。教师和学生普遍认为电子教材是一种趋势，但是教师还缺乏在课堂中有效使用电子教材的经验和信心。学生对电子教材有强烈的好奇心，并期待其进入课堂。家长对电子教材存在许多疑虑，如电子教材对学习成绩、用眼疲劳、身心发育、写字技能等方面有无影响等。

（4）电子教材应用试点研究的学科范围，可以集中在艺术、信息技术、英语和语文等学科。教师和学生对试点学科的认识较为统一，主要是艺术（美术和音乐）、信息技术、英语和语文，这些学科更适合以电子教材为载体的课堂模式。而提到电子教材的受众群体，教师和学生均认为基础教育小学三、四年级以及初中一年级的群体较为合适。

（5）电子教材阅读设备的硬性指标，教师和学生的需求基本一致：价格越便宜越好；质量不超过1 000克；屏幕尺寸7英寸左右（教师倾向于8英寸左右，学生倾向于6英寸左右）；电池持久耐用，持续工作时间10小时左右。

（6）电子教材的功能特征需求，教师和学生认识较为一致。他们对电子教材呈现形态、内容安全、随文笔记、作业支持、多媒体属性等方面都提出了需求；同时，期望电子教材阅读设备支持即开即用并可与其他设备同步；此外，期望相关单位能够多提供一些可以结合日常教学应用情境的高质量电子教材。

（7）电子教材的使用时间，最好是每天2～3小时。在尝试使用电子教材上课的时间方面，教师和学生也基本达成一致，即课时数为每天1～2节课，而使用的时间为每天2～3小时。这样既能够保障电子教材正面作用的发挥，同时也能够通过变相约束，防止因电子教材产生的负面效应，比如成瘾等问题。

（8）电子教材在教育领域的普及推广面临诸多挑战，如电子教材标准制定、内容与版权安全、运营支持系统建设、出版审查、使用成本、教学支持、教材开发、阅读终端设备要求等。

第二，基于以上调研结论，结合《国家中长期教育改革和发展规划纲要（2010—2020年）》的总体部署，笔者设计了我国电子教材的发展目标：到2020年，基本建成适应信息时代学生学习方式的电子教材研发、出版、评价、管理与有效使用的教育生态环境。其中研发包括电子教材基础研究、内容设计和系统开发等体系；出版包括电子教材编写、出版、发行和运营等体系；评价主要指电子教材使用前的测试、审核、认证和使用效果评估；管理包括电子教材准入和退出机制、监管体系和机制；有效使用主要指符合信息时代学生学习需求和学与教规律的一套方法体系。

第三，为实现电子教材发展目标，笔者制定了电子教材的发展路径规划：

第一阶段（2011—2012）：开展电子教材适用性研究；制定电子教材相关标准；开发示范电子教材；开展电子教材评测研究。

第二阶段（2013—2015）：基本建成电子教材应用所需的信息化支撑环境；设立电子教材试验示范校；研究纸质教材与电子教材的共生模式；形成典型的电子教材示范区；成立电子教材第三方评测机构；出台电子教材评审办法；允许电子教材列入中小学教学用书目录。

第三阶段（2016—2020）：依托《规划纲要》中教育信息化建设成果，开发适合中小学教师和学生使用习惯的电子教材；在全国范围内，形成电子教材和纸质教材共同存在、自由使用的新局面；建成适合学生特点的数字化新型学习环境，充分发挥电子教材促进基础教育教学改革的作用。

第四，为落实发展规划，笔者为教育部、各省市教委、出版社与学校初步拟订了每个阶段的行动计划。

第五，为确保行动计划顺利开展，笔者向教材管理部门提出八条建议：电子教材实验基地与研究专项建设，电子教材标准与规范体系建设，电子教材评测认证体系建设，电子教材研究定期报告公布机制建设，电子教材出版结构及送审办法建设，电子教材教学支撑体系建设，电子教材运营支持系统建设，电子教材运营中的监督和管理机制建设。

本书系国家社会科学基金"十二五"规划 2011 年度教育学青年课题"初中电子教材学科应用路径研究"（编号：CCA110107）和"中央高校基本科研业务费专项资金"项目北京师范大学自主科研重大课题"电子教材（e-Textbook）的开发技术及其教学适用性研究"成果之一。在笔者的调研和写作过程中，得到了教育部基础教育二司及其教材处、区县教委、各实验学校和北京师范大学出版社相关负责人的大力支持与协助。同时，北京师范大学龚朝花博士，王蓉、丁莹、郑鑫等同学为数据资料的收集和整理做了大量工作，在此一并表示感谢。

陈 桄
2013 年 6 月

目　录

第1章　电子教材及其研究界定

1.1　电子教材概要

1.1.1　电子教材及相关术语界定

1. 电子教材(e-Textbook)

电子教材是一类遵循学生阅读规律、利于组织学习活动、符合课程目标要求、按图书风格编排的电子书或电子读物(陈桄、龚朝花、黄荣怀，2012)。遵循学生阅读规律，要求电子教材的内容呈现、软件功能和阅读终端操作符合学生阅读习惯；利于组织学习活动，要求电子教材提供课后习题、作业和随文笔记等功能以支持教学活动；符合课程目标要求，要求电子教材满足课程标准、教学大纲、教材编写规范等要求；按图书风格编排，要求电子教材在结构编排上接近传统书籍风格。电子教材通过符合特定学习要求的电子阅读软件呈现内容并记录学习过程，其内容支持不同阅读终端之间跨平台互操作，且内容呈现具有一致性。

电子教材必须同时考虑"教材内容＋阅读软件＋电子阅读终端"三个核心要素。从实践角度来说，电子教材可理解为一种符合教育教学规律的教学资源包，其内容主体应包含课文、注释、插图(静态和动态)、实验、习题等，并在此基础上整合多种辅助学习工具(如字典、计算器、笔记本、参考书)和一些多媒体学习材料。我国基础教育阶段的教材需遵循国家课程标准，因此对教材安全性还有特殊需求。

2. 电子书(e-Book)

经过几十年的发展，人们对电子书的特性认识得更加准确和清晰。从广义上讲，电子书是一种产业，该产业是网络时代的产物，它是以互联网为流通渠道，以数字内容为产品形态，以网上支付为主要交换手段的一种崭新的信息传播方式，是基于网络的数字图书的出版和发行方式。从狭义上讲，电子书又有两种概念。其一，电子书是传统纸质图书的数字化版本或者没有纸质图书作为母版的数字图书，是网络出版的一种形式；其二，电子书是专用硬件阅读器的简称。

本报告中的电子书是指必须通过特殊的阅读软件（Reader），以电子文件的格式，能够在常见的硬件设备上阅读的数字化文档，如个人计算机、笔记本计算机、平板电脑、个人数字助理（PDA）、WAP 手机，或是任何可大量储存数字阅读数据（Digital Reading Material）的阅读器。

电子书的优点主要体现在：以多媒体形式呈现，可储存容量大，可快速检索链接，可随时下载最新书籍，可即时查阅字典，携带方便，环保，比纸质图书价格便宜等。

3. 电子墨水（e-Ink）和电纸书（e-Paper）

电子墨水是一种新型显示技术，具有如下特征：视觉效果接近真实纸张；利用反光，而无须背光；低耗能，双向稳态；刷新速度较慢，无法显示动态内容；较难实现彩色；柔性背板。一些厂家把使用电子墨水技术的产品称为电纸书。

4. 电子阅读器（e-Reader）

电子阅读器是用于阅读规定数据格式的各种电子图书及文档的电子设备；阅读器可视为专供阅读的简易电脑，使用者可以预先将数字内容（电子书）下载到阅读器中，而后以携带阅读器的方式，在任何时间与地点进行阅读。

5. 电子书包（Electronic Schoolbag）

电子书包目前并没有一个特别明确的概念界定，但比较有代表性的观点有两种：一种是从数字出版领域的视角，将电子书包看成是若干电子书按照科学的结构整合而成的数字化教学资源包，包含学生学习需要的教材、教辅、工具书等（高志丽，2010）；另一种则是从硬件装备领域的视角，将电子书包看作一种未来型的教育电子产品（大多体现为轻便型移动终端），整合了数字阅读和上网通信两大主要应用功能（祝智庭，2010）。

1.1.2 电子教材的特点与使用愿景

电子教材所具有的突出优势和使用愿景主要体现在两大方面：

1. 学习心理层面

（1）可以更好地开展合作学习、发现学习等活动。

（2）具有动机诱导作用，可激发竞争性兴趣，维持学生的学习。

（3）可了解学生个别学习状况，有利于因材施教。

（4）不受时空限制的主动学习，能够增加学习机会。

（5）通过高互动教学，加强师生、家校间的沟通与互动。

（6）培养学生的信息素养和符合 21 世纪素质要求的技能。

（7）培养学生终身自我学习的能力。

2. 硬件设备层面

（1）减轻学生书包质量。

（2）扩充性高且适用性广，可大量存储学习资料、快速索引搜索。

（3）打破学习的时空限制，提供移动和高互动学习环境。

（4）多媒体教学，以配合学生多元智慧的发展。

（5）提供个人化学习设置，针对不同使用习惯改变显示内容。

（6）电子教材既可在阅读硬件设备上阅读，也可下载和按章打印。

（7）提供特殊功能教育和帮助特殊学生。

（8）节省纸张环保。

（9）节省教育经费，电子教材没有运送成本，不需运送或处理费用。

此外，使用电子教材可更好地整合教育资源、改善教育水平、提高学校和学生的竞争力等。

1.2 报告的目的与意义

　　本报告主要是面向基础教育领域的电子教材发展战略研究。电子教材(e-Textbook)作为基础教育改革的一个重要方向和突破口，研究报告的意义主要体现在如下三个方面：

　　第一，从国家整体信息化发展战略看，开展电子教材研究，是加快教育信息化进程的重要举措，符合国家整体信息化发展战略，对培养信息化复合型人才至关重要。国家新闻出版总署正在大力推进电子出版行业的发展，其开展电子教材研究对教育类电子出版物的规范化建设起了很大的促进作用，符合信息化时代教育发展的主题。

　　第二，从教材出版方式的变革看，电子教材出版简化了传统纸质出版的流程，大大提升了教材生产效率和教材内容更新速度。电子教材使多媒体内容以电子化的形式存在，摆脱了对纸质载体及光盘的依赖，从根本上改变了传统出版的生产形态和发行、流通模式。传统纸质教材一旦出版，发现错误或者缺陷，只有在修订的时候才能进行更改或更新，无法保证内容的与时俱进。而电子教材出版后，无论何时何地发现错误或是学科有了新发现，都能及时快捷地更新，缩短内容传输的时间，并打破地域的限制，让教师和学生能随时获得高质量的最新内容。

　　第三，从教学方式来看，电子教材突破了上课内容和教学方法长期一成不变的模式。纸质教材只有静态的文字与图片相结合，而电子教材是采取文字、图片、音视频相结合并带有交互，有利于个性化教学。同时，电子教材的全新阅读方式可能激发学生对学习的喜爱和探索，发展分析问题和解决问题的能力，进而有利于开发学生的想象力、创新力，这与教育教学改革的目标不谋而合。

1.3 报告内容与研究方法

1.3.1 报告内容

围绕研究报告的目的，主要内容分为以下几方面：

（1）系统整理美国、韩国、日本、英国、马来西亚等发达国家和发展中国家的电子教材发展规划研究结论。

（2）详细归纳我国教材建设的现状与电子教材研发面临的挑战。

（3）深入调查我国基础教育电子教材发展的基础环境和前瞻需求。

（4）重点分析不同群体（教师、学生、家长、教育管理者、出版社、电子教材商业公司等）对电子教材基本特征与功能的需求及期望。

（5）基于当前基础教育的现状，提出我国基础教育电子教材未来发展的目标、原则、路径、建议及保障措施。

1.3.2 研究方法

1. 文献分析

梳理国内外相关学术文献资料，为本报告的撰写提供学术基础。重点调研美国、英国、日本、韩国、马来西亚等国家在基础教育电子教材应用的相关研究文献、政策和文件，尤其是电子教材在中小学校教学应用的相关内容，梳理他们在试行基础教育电子教材应用中的经验、问题和建议，为我国开展电子教材的应用研究提供参考。

此外，本报告的主要资料还来源于国家教育部、工信部、新闻出版总署及各省市教育部门的教育信息化发展规划相关文件、相关网站、报刊信息等。其中，中国互联网络信息中心（CNNIC）统计数据、国家和省级《中长期教育改革和发展规划方案（2010－2020）》、教育信息化"十二五"规划、出版机构的数字出版相关研究等资料为分析国内电子教材的实施环境提供了重要依据。

2. 访谈

对中小学教师、学生、家长、教育主管部门、教材出版社、电子阅读器设备厂商、教材评审专家等涉及中小学电子教材出版和应用的单位、个人进行了深度访谈。访谈内容涉及电子教材的内涵、电子教材与传统多媒体辅助教材的区别、电子教材成本费用、电子教材的相关法规和监督制度、阅读器终端适应性、阅读习惯、师生对教材变革的意愿、教材开发、教材标准的研制、教材支持系统的功能需求、教材发行的机制、教材出版的审查制度、数字出版版权保护、数据安全、对身心造成的潜在负面影响、潜在的顾虑因素等。

3. 问卷调查

根据访谈内容编制基础教育电子教材应用调查问卷，问卷包括三个部分：第一部分，基本信息和当前现状了解；第二部分，电子教材及阅读设备在中小学教学中使用的可行性调查；第三部分，电子教材的功能特征需求和用户期望调查。通过抽样施测，旨在多角度、全方位的了解我国基础教育电子教材应用的可行性，探索我国当前教育体制下哪类学校、学生、科目、年级中可尝试使用电子教材以及使用电子教材面临的问题和挑战。参与问卷调查的教师、学生和家长规模超过600人。

4. 专题研讨会

组织召开电子教材发展战略研讨会，针对目前电子教材应用推进中所面临的重点、难点，围绕电子教材的标准、安全、版权保护、阅读终端规格等进行深入交流，探讨如何通过电子教材应用带动基础教育信息化改革。

第 2 章　国外电子教材发展现状

2.1　美国电子教材发展计划

由于美国以各个州为主体实施和管理教育事业，因此美国并没有国家层面的教材，各个州独自制定适合本州的制度，并选用合适的教材。美国加利福尼亚州、得克萨斯州等已有电子教材相关计划，在此以加州为例进行介绍。

美国加利福尼亚州推出电子教材计划主要基于两个重要背景：一是时任加利福尼亚州州长施瓦辛格指出："像电子教材一样的数字资源在 21 世纪教育蓝图中发挥重要作用，扩大电子教材创新计划（Free Digital Textbook Initiative），可以为本地学区提供额外的高质量免费资源，为帮助加州学生竞逐全球市场做好准备。"二是加州的财政赤字严重。为了有效缓解财政压力，节约教材成本，加州州长施瓦辛格发起的中学生免费电子教材创新计划，使加州成为全美第一个实行免费电子教材的州政府。该倡议希望设计出适合教材审核要求的数学和科学课程的电子教材，并计划于 2009 年秋季进行课堂试用。该计划分四个阶段，审核的课程数如表 2-1 所示。

表 2-1　加州电子教材计划

阶段	计划	审核的课程数
第一阶段 2009.8.11	开源、可下载的电子教材	科学(3)、数学(7)、化学(2)、地球科学(3)、物理(1)
第二阶段 2010.4.26	开源、可下载的电子教材	历史(1)、数学(9)、生物(2)、化学(1)、地球科学(1)、物理(2)

续表

阶段	计划	审核的课程数
第三阶段 2010.12.29	在线、可交互的电子教材，商业公司与开源教材并存	历史社会科学(5)、数学(4)、生物(4)、化学(1)、地球科学(1)
第四阶段 2011.4	审核在线课程	California Learning Resource Network (CLRN)已审阅了 7 个出版商的 55 门在线课程，其中 6 个出版商的 15 门课程已经赢得了 CLRN 认证标志

可以看出，第一阶段和第二阶段重点关注的是开源、可下载的电子教材。这两个阶段背景主要是经济萧条严重影响加州财政预算，基础教育的预算被严重缩减，教材更新采纳过程也被中止 5 年。基于为学校节省经费考虑，政府推出免费电子教材供选择。第一阶段和第二阶段评审的数学和科学教材中，一半是大学教授为他们的大学课程编写的，一半是 CK-12 基金会(CK-12 Foundation)编写的。CK-12 的目的是创建一个针对 STEM(Science，Technology，Engineering，Mathematic)学科开源的教材，同时也提供数字教辅材料和教师用书。第三阶段主要建设基于网络的互动类型教材，电子教材面向开源或商业出版集团，优先考虑数学和科学课堂中的应用。第四阶段主要是评审基于网络的在线课程，CLRN 已审阅了 7 个出版商的 55 门在线课程，其中 6 个出版商的 15 门课程已经赢得了 CLRN 认证标志。

目前，该计划已经完成前三个阶段的电子教材内容审核，以现有加州的教材内容标准为评审标准，由加州学习资源中心组织专家进行审核。已经展开审核的教材包含数学类(19 本)、科学类(9 本)、化学类(4 本)、地球科学类(5 本)、物理类(3 本)以及历史社会科学类(6 本)，具体结果见附录 1。

同时，在美国 2010 年颁布的《国家教育技术规划 2010》中，提出未来的课堂教学是通过相互联通，促进共同学习和教学，加速了电子教材课堂教学的进程，如图 2-1 所示。

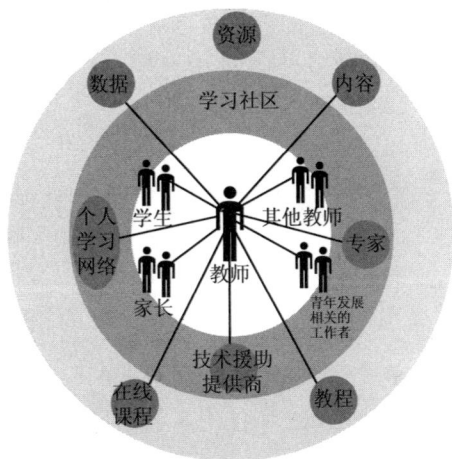

图 2-1　美国《国家教育技术规划 2010》提出的未来教学方式

2010 年 2 月 3 日，美国教育出版商 Houghton Mifflin Harcourt K-12、Pearson PLC 旗下的 Pearson Education 以及华盛顿邮报公司旗下的 Kaplan Inc. 等主要教科书出版商与软件公司 Scroll Motion 达成协议，将他们的教科书转换为电子书格式。希望借助 Scroll Motion 的专业技术，为 iPad 开发教科书应用和考试辅导课程，以推动传统教学方式的转型。如今，Scroll Motion 已尝试将出版商提供的数字文件转变为 iPad 识别的文件，并增加搜索、字典、术语、互动测试以及页面等功能。据市场研究公司 Compass Intelligence 预计，2013 年美国教育市场的科技投资会从 2008 年的 476 亿美元增长至 619 亿美元(上海教育新闻网，2010)。

此外，技术发展日新月异，电脑、无线连接、智能手机、Podcast、PDA、平板电脑、iPad 等在学校的普及程度越来越高。技术容易分散学生的注意力，但本身也孕育着改变课堂教学的机遇，因此美国的学校和教师都争取将设备转化为学生的学习伴侣，让技术的优势发挥到极致。比如，美国的一些教师将讲课视频发布到教育门户网站，如 iTunes U、Academic Earth、YouTube 的教育版 YouTube Edu 上，学生可以通过网络轻易检索到众多领域的优质课程。再如，有些学校使用快速投票工具，通过手机快速收集学生对相关问题的反馈。另外，有些教师利用亚马逊公司的 Kindle 电子书阅读器将文本转化为语言，供学生下载至移动设备收听(刘常庆、张丹，2011)。

2.2 欧洲电子教材发展计划

欧盟于 2000 年提出"数字欧洲：全民共享的信息社会"计划(eEurope：An Information Society for All)，目的在于开创具有数字优势的欧洲，使欧盟全民皆准备好进入数字时代。数字欧洲的第一个子题为"带领欧洲青少年进入数字时代"(European Youth into the Digital Age)，其中提到教育是决定社会进步和质量的重要因素，而学校是教育的重要场所，因此学校应致力于学生离校之前培养其信息素养(Digital Literacy)的基本能力，包括培养学生掌控网络和多媒体资源，并能进一步运用资源以学习和获得新技能，如团队合作、创造性思考、跨文化沟通、解决问题等能力。

2.2.1 法国

法国是较早尝试探索电子教材使用的国家。2000 年 12 月，法国哈瓦斯公司生产的"电子教材阅读器"在法国东部斯特拉斯堡的一所学校里投入试用。据统计(陈美琳，2001)，法国学生一周在家使用电子教材的平均时间为 6 小时以上，书包的质量减轻，学生的学习兴趣和机会增加，学习方式得以改变。

法国的电子教材分为教师版和学生版，教师可随着进度更新教材内容，例如科学、地理、生物、历史等学科都已尝试应用。截至 2002 年年初，学生对使用电子教材感到兴致昂然，试验的教师也指出电子教材可以有效帮助他们完成教学工作，使课程更加个性化和活泼化。

2.2.2　英国

英国在数字化学习方面也一直走在前沿，早在 2000 年，由 JISC（英国联合信息系统委员会，the Joint Information System Committee）下的 DNER（The Distributed National Electronic Resource）Learning and Teaching Programme 资助的 EBONI（2000－2002）（Electronic Books ON-screen Interface）项目，就完成了电子教材设计指南（Electronic Textbook Design Guidelines）。该项目的目标是：①对网络学习和教学资源进行多元化评价，判断最适合用户快速便捷地提取所需信息的技术或形式；②辨别和报告学生、学者和专业人士网络学习和教学的个性化学术需求；③为英联邦高等教育社区网络出版手册、期刊、教材编撰最佳实践指南；④为出版网络资源的出版社和利用网络资源的用户之间建立桥梁。

经过两年的时间，该项目提出了界面和交互设计的 17 条原则，以及硬件设计的 5 条原则，如表 2-2 所示。

表 2-2　电子教材设计指南 22 条建议

针对书本的隐喻应该有	适应电子媒介	硬件设计指南
1.1 封面	2.1 提供搜索工具	3.1 采用高质量的显示技术
1.2 目录	2.2 使用超文本增强导航和促进相互参照	
1.3 索引	2.3 提供内容提示	3.2 综合考虑亮度、便携性和可移植性的平衡
1.4 兼顾不同用户学习风格	2.4 选择可读性强的字体	
1.5 精心设计排版	2.5 使用颜色来创建风格一致和辅助浏览的电子书本	3.3 为使用舒适而设计设备
1.6 使用简短的页面		
1.7 提供定位和提示	2.6 能够把文本分为小块	3.4 使用按钮和转盘提高翻页速度
1.8 谨慎使用非文本的媒体	2.7 使用多媒体和交互元素激发用户	
1.9 提供书签和标注功能		3.5 使设备可靠
	2.8 用户可定制	

2008 年 7 月，英国教育与通信技术局公布了新的教育信息化策略《利用技术：新一代学习（2008—2014）》（崔文霞，2011）。该计划的核心目标包括：利用信息技术提供不同的课程和学习经验，满足学生的不同需求和学习爱好，使他们的学习具有更多的选择和更大的灵活性；为学生提供评价学习结果的标准，可进行形成性评价和终结性评价；促进全体学生的学习能力及经验的提高（包括学习障碍生）；增强家庭、学校和学生间的联系，特别是通过使用信息系统和网络工具，促进家长更多地参与学校教育。

2010 年以来，英国教育与通信技术局开始建立技术自信体系（Technology-confident System），让学校、家长、学生、政府机构以及供应商等所有教育参与者都能拥有通过技术进行自我提高的能力。该体系所必备的四项要素分别是：技术自信的学校和供应商、学习者学习参与及授权、自信的系统领导力与创新能力以及一套一流的综合技术基础设施。

尽管英国政策的重点在于建立健全技术服务支持，但这些愿景的实现均体现了电子教材的应用需求和未来发展规划，并强调技术促进教育革新的不可替代的作用。

2.2.3 西班牙

西班牙图书出版业人士认为，西班牙及欧盟电子书市场正在起飞，未来几年将呈"爆发式"增长趋势。预计到 2015 年，西班牙电子书销售将占整个图书市场 50% 的份额。据西班牙文化部官员透露，2008 年西班牙发行电子书近 8 500 种，占整个图书市场份额的 8%。目前，西班牙正在积极推动电子书市场的发展，政府、国家图书馆以及出版行业组织正在推动数字图书馆项目，以促进电子图书市场的发展（大众科技报，2010）。

2.3　亚洲电子教材发展计划

2.3.1　新加坡

新加坡政府认为要适应知识经济的发展，就必须关注信息与技术的教育。为此，新加坡在电子教材研发方面一直走在世界的前列，官方出台了多项政策，并通过多个项目来支持学校教育改革。其中，影响力较大的计划如下：

1995 年，新加坡道德教育换新"装"，为公民与道德教育课程制作了多媒体光碟，这是新加坡早期的电子教材形态。

1997 年，新加坡教育部制定了信息技术教育总体规划，主要内容包括（唐科莉，2009）：1997—2002 年内投资 20 亿新元以购置电脑、建立网络、开发软件及教材、培训教师等；另外，每年还要投入 6 亿新元作为常规开支。信息技术教育的加强不仅有利于教师与学生之间的交流，而且能使学生掌握必要的信息技术知识，以适应未来社会的要求，提高新加坡人的素质，增强新加坡经济在国际社会中的竞争力。

1999 年，新加坡教育部开始推行"EduPAD-教育电子簿"试验计划。教育电子簿试验计划是"信息科技教育总计划"的内容之一，其目的在于拓展信息技术在学校教学的应用，使学生不再受课堂的限制，随时随地享受学习的乐趣（何文欣、蔡宝卿，1999）。教育电子簿的推行，使新加坡中小学生不用背着沉重的书包去上学，而是手提小巧的"电子书包"步入课堂。教育电子簿，实际上是一个便携式的电子阅览器，质量不足800 克，外形与插卡式手持游戏机相仿，上面记有 3 个电子插卡槽，学生可以同时插入课本卡、作业卡及字典卡，通过彩色屏幕可以看课本并完成作业。此外，教育电子簿还具备便携式电脑的一些功能，可以发送、接收电子邮件并浏览因特网。由于教育电子簿如笔记本电脑一样，可以

13

安装电池供电，所以学生的学习地点不再局限于课堂内，在商店、大街上都能使用教育电子簿随时随地进行练习、完成作业（王学风，2001）。

2006 年，新加坡政府正式推出"IN2015 教育目标"计划，全面实施"实验学校"和"未来学校"信息化教育改革方案，计划于 2015 年让所有学校都具备使用最新信息通信技术的能力。具体包括：为所有学生提供网络课本，借助电脑实现课程和学习项目的网络化学习，实现"没有墙壁的课堂"的梦想（郭娜，2009）。在这个梦想中，交互性是网络教材的重要特征。它改变了传统的师生关系，让老师回归为教学过程中的主导，学生成为教学过程中的主体。

2.3.2　韩国

韩国教育科学与技术部（Ministry of Education，Science and Technology，MEST）十分重视电子教材在基础教育中的应用，并把电子教材发展愿景描述成"为未来培养卓越的领导人做准备"。为实现该愿景，韩国教育科学与技术部提出三个必备的支撑条件：①构建一个能充分调动学习者独立和创造性地使用 ICT（信息与通信技术）的学习环境；②电子教材应超越传统纸质教材，发挥电子教材优势，促进优质教学；③构建一个面向未来的基础教育系统。

电子教材工作小组由 MEST 副部长亲自领导，具体运维工作由韩国教育研究信息服务处（Korea Education & Research Information Service，KERIS）负责。作为率先启动基础教育电子教材应用的国家，韩国对电子教材的发展进行了总体规划，具体包含三个阶段，如表 2-3 所示。

表 2-3　韩国电子教材发展的总体规划

阶段	时段	建设目标
第一阶段：基础研究	2002—2006	电子教材的可行性研究 开展电子教材基础研究

续表

阶段	时段	建设目标
第二阶段：适用性实验	2007—2011	开发约 25 本电子教材 开展 100 所试验学校的试点研究 分析电子教材应用的正面和负面影响 准备发行电子教材并完善软件系统
第三阶段：商业化	2013—	推广电子教材应用

1. 第一阶段：基础研究

电子教材的基础研究主要为基础教育开展电子教材适用性实验做准备，并尝试制定相关政策为电子教材适用性研究提供参考依据。主要包括：①梳理电子教材的相关概念和定义；②对电子教材在国内外应用的发展进行案例研究；③对电子教材开发及使用效果展开研究。

2. 第二阶段：适用性实验

这一阶段，韩国电子教材工作小组进一步明确了电子教材试点的范围，实验计划和已完成的工作如表 2-4 和表 2-5 所示。

表 2-4　韩国电子教材项目的规划和主要内容

年度	主要内容	试点学校
2010	教材内容开发：小学 4 年级两个学科，初中 1 年级两个学科	132 所学校
2009	完成基于 Windows 系统和 Linux 系统的电子教材支撑平台开发 完成小学英语 3～6 年级的电子教材内容开发，并可支持用户定制	112 所学校
2008	完成开源的基于 Linux 系统的电子教材服务环境的构建 完成小学 6 年级 4 门学科的教材内容模型开发 完成小学 5 年级 6 门学科的教材内容开发，包含(韩国语、社会研究、科学、音乐、英语和数学(修订)) 完成基于 Windows 系统的电子教材公共服务平台开发	20 所学校，82 个班级(白板、平板电脑、无线局域网)

15

续表

年度	主要内容	试点学校
2007	评价电子教材原型产品和评审教材试点方案的可行性 完成小学 5 年级 9 门学科的电子教材原型开发，3 类支持平台开发 制订实施电子教材的执行计划（教育科学与技术部） 推进电子教材应用的倡议计划（副首相）	5 所学校

表 2-5 韩国电子教材实验班推进计划

年份 / 年级	2007	2008	2009	2010	2011
5 年级	教材开发	试点应用			
6 年级		教材开发	试点应用		
7 年级			教材开发	试点应用	
10 年级				教材开发	试点应用
总计	14 所	20 所	112 所	132 所	132 所

这一阶段的主要研究课题如表 2-6 所示。可以看出，随着项目的推进，关注的重点也发生了变化。2007 年，主要关注电子教材项目规划，并对师生的期望效果进行简单研究。2008 年，开始涉及宏观和中观层面的研究，主要以电子教材带来的效益为主，并开始关注使用电子教材带来的健康问题。2009 年，开始对电子教材的相关问题进行整合研究，并对一些有负面影响的问题进行跟踪研究。韩国的研究课题为我国当前阶段探索电子教材的适用性问题提供了很好的依据，应该以了解师生的期望和需求为先。

表 2-6　韩国电子教材研究的主要课题

年度	项目名称	承担单位
2007	关于规划电子教材标准的研究	首尔教育办公室
	关于教师对电子教材的期望效果的研究	首尔教育办公室
	关于学生使用电子教材的效果研究	首尔教育办公室
	关于电子教材在特殊教育领域的发展研究	韩国教育与新闻服务处
	关于开展电子教材试点研究的规划	韩国教育与新闻服务处
2008	针对不同电子教材发展规划	韩国教育与新闻服务处
	电子教材开发规划的有序化研究	首尔教育办公室
	电子教材开发的成本效益研究	韩国教育与新闻服务处
	基于电子教材的教学方式和学习方式研究	韩国教育与新闻服务处
	电子教材应用效果的测量研究	韩国教育与新闻服务处
	基于电子教材的课堂交互分析研究	韩国教育与新闻服务处
	电子教材认证系统的构建	教育科学与技术部
	电子教材版权的法规制度研究	韩国教育与新闻服务处
	电子教材对师生健康的影响研究	韩国教育与新闻服务处
	电子教材在特殊教育中应用的评价指南	韩国教育与新闻服务处
2009	电子教材平台的用户评价研究和用户界面开发研究	教育科学与技术部
	电子教材的使用对学生和教师健康影响的综合研究	韩国教育与新闻服务处
	电子教材分发系统及其管理研究	韩国教育与新闻服务处
	电子教材有效使用的指南	韩国教育与新闻服务处

　　另外，韩国忠北国立大学(Chungbuk National University)的柳钧熙(Kwan-Hee Yoo)教授在电子教材教学应用方面的研究成果也值得一提。

　　为了验证电子教材的教学效果和审查数学电子教材在学校推行的可行性，柳教授带领研究团队在 3 所小学的五年级开展了为期 1 学年的数学课堂教学试验。通过对试验数据进行分析(如图 2-2 所示)，得出了如下结论。

　　(1)关于课堂学习过程。使用电子教材的班级比纸质教材的班级在理

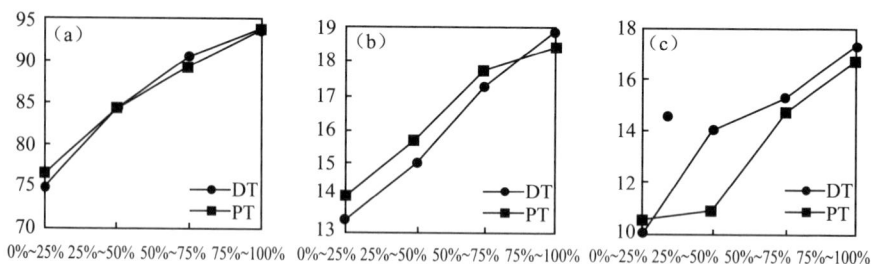

图2-2　学习效果：纸质教材（PT）VS 电子教材（DT）

解教师操作步骤方面节约了许多时间，学生有充足的时间在课堂上呈现他们自己的作业。成绩较差的学生善于利用电子教材的多媒体特征主动学习并取得了一定的进步。在遇到不理解的问题时，使用纸质教材的学生只能接受教师的额外教学指导和教师的重复解释，使用电子教材的学生可利用教材进行自导式学习（Self-directed Learning），提供了更多学习机会。学生能够熟练地使用电子教材的各种功能，特殊情况下教师还需要咨询学生如何操作。有效学习的障碍不是来自电子教材本身，而是来自教室环境。使用相同的电子教材，采用笔记本电脑的学生满意度明显高于采用台式电脑的学生。

（2）关于学习效果。第一次测试结果表明，使用纸质教材与电子教材没有区别，学习能力曲线参数与学习效果没有直接相关关系。第二次测试结果表明，使用电子教材的学生成绩低于使用纸质教材的学生成绩，只有成绩处于中等偏下的学生使用电子教材的效果略高于使用纸质教材的学生。第三次测试结果表明，使用电子教材的学生成绩明显高于使用纸质教材的学生，尤其针对中等偏上的学生。

3. 第三阶段：商业化

2013年，韩国教育科学与技术部决定进行电子教材的商业推广，以便于电子教材大规模普及。

2.3.3　日本

2010 年，日本有大量电子书相关产品及服务投放市场，因此 2010 年称作日本的"电子书元年"。电子书的快速发展引起了日本通信部对电子教材的关注，并于 2010 年 10 月开始在日本的 10 所小学进行电子教材试用计划。这 10 所参与试验学校的小学生每人配备一台平板电脑，同时教室中安装了互动式黑板，每位学生的平板电脑都能与电子黑板进行网络连接，老师在电子黑板上写板书，板书内容就能显示在学生的电子教科书中。该试验性计划预算达 10 亿日元。负责此计划的日本通信部计划 2011 年把参与的学校增加到 50 所，并且已经要求政府把预算提高至 28 亿 7 000 万日元(印刷世界，2010)。这项电子教学计划所使用的平板电脑由日本东芝(Toshiba)以及美国英特尔公司(Intel)联手研发，专为教育用途而设计。日本富士通公司(Fujitsu)也为该计划研制了其他器材。

不过，还是有不少人担心没有传统书写的课堂会影响学习效果，并认为电子设备对孩子的健康将产生不良影响(崔寅，2010)。

日本电子书市场也呈现出迅速增长的态势。2008 年的销售额达到 464 亿日元，同比增长 131％，2009 年增长到 637 亿日元(崔寅，2010)。销售业绩与日本人的阅读习惯和兴趣密切相关，日本电子书市场份额的 70％是连环漫画，居第二位的照片集份额为 18％。电子文字书籍的市场份额远不及连环漫画和照片集，主要原因在于：一方面，出版者认为电子文字书籍费工较多、成本较高，难以达到收大于支，甚至无法保证收支平衡，因此出版的积极性不高；另一方面，电子书的阅读者首先希望得到精神放松，不愿意在业余时间陷入紧张和疲劳的阅读状态，故而兴趣不高。不过由于价格极具优势，电子文字书籍中辞典类书籍的销售势头较好。据调查，《大词林》电子版仅售 2 500 日元，而纸质版售价高达 8 190 日元。

2.3.4 马来西亚

早在 2001 年 4 月，马来西亚教育部在吉隆坡及其周边地区 200 所中小学试验电子教材，探索电子教材的可用性。马来西亚计划中的电子教材阅读设备类似手提电脑，但功能要相对简单得多，主要用来解读科目。所有的课本会以光盘或磁盘的形式出现，学生只须将其科目的光盘或磁盘放入，便可进行课堂教学活动。由于某些技术方面的问题还未得到有效解决，马来西亚只选择了小学四年级和中学四年级的学生试用。遗憾的是，该计划并没有得到及时有效地跟进。

到 2010 年，马来西亚又开始关注电子教材在教学中的使用，登嘉楼州政府计划从 2009 年起逐步向州内 324 所小学的 2.5 万名五年级学生免费提供电子课本，以此取代现有的纸质课本(卢家庆，2010)。

2.4 国外电子教材应用推广存在的问题

2.4.1 关于电子教材使用成本

全世界五大教科书出版商(Pearson；Cengage Learning；McGraw-Hill Education；John Wiley & Sons 以及 the Bedford，Freeman & Worth Publishing Group)已共同组织了电子教材出版公司 CourseSmart，这五家出版商在全球纸质教材教科书市场占有率达 85%(知识通讯评论，2009)。一些电子教材出版公司，诸如 CK-12 Foundation、Flat World Knowledge 公司致力于开发开源、免费的电子教材，还有一些专业的制作电子教材的公司诸如 Inkling、Scroll Motion 等致力于提供更加符合学生个体阅读的电子课本。

由于电子教材的发行减少了经销商环节，当前一些电子教材试点国家在电子教材出版方面面临的主要问题集中在出版商、硬件设备提供商、学生、学校和政府如何分摊电子教材的软硬件费用和教材内容的成本方面，至今未能提出一个有效的解决方案，且对于电子教材的发行模式也处在探索阶段。事实上，这些国家并没有深入研究电子教材的使用成本问题，对于电子教材内容的有效使用期限、硬件阅读设备的使用年限，国家、地方政府财政的支持，售后服务的保障等方面都缺乏有效的成本均摊手段，伴随数字出版而来的核心群体(出版商、经销商、学校、教育行政部门、学生)之间的利益关系也没有形成有效的解决方案。

2.4.2 关于电子阅读与纸质阅读的比较研究

相对于传统的纸质阅读，电子阅读是否有优势？传统的纸质教材编排已形成规律，但电子教材的编排应该遵循哪些规律？目前尚缺乏足够的理论支持。

电子教材内容编排比纸质教材更灵活，Mayer(2005)提出的多媒体学习理论可作为电子教材内容编排的理论参考，该理论有三个假设：①双通道假设(Dual Channels)：人们对听觉/语词材料和视觉/图像材料有不同的信息处理通道；②有限容量假设(Limited Capacity)：人们在同一时间，每一个通道中所能够加工处理的信息是非常有限的；③主动加工假设(Active Processing)：人们进行主动学习，即人们主动选择相关语词和图像信息，并且按照内在的心智结构组织这些材料，将其和他们已有的先前知识整合在一起。在以往的研究中，有人认为(Donald，1983)插图提供了上下文的信息，有助于信息的理解和保持，也有研究者(Samuels，1970)发现，由于可能争夺注意资源，插图反而干扰了阅读过程。这些研究虽有一定参考价值，但也存在以下几个问题：第一，这些研究的对象为纸质阅读材料，结果能否推论到电子阅读材料不得而知；第二，电子教材可包含的内容呈现方式更复杂，除了文字和图片，还有视频和交互式图片等。

此外，一些研究者对多年形成的纸质阅读习惯如何适应电子阅读也展开了大量的研究。很多研究发现（Dillon，McKnight & Richardson，1988；Oborne & Holton，1988），与纸质阅读相比，在计算机屏幕上进行阅读的速度慢，精确性低，容易产生疲劳。但是，一方面，这些研究年代较早，当时的电子阅读使用的是单色显示终端，刷新率低，效果较差。随着显示硬件技术的发展，以往的研究结论早已无法适应技术发展现状。另一方面，这些研究大多为小规模实验室横向研究，结论能否推广值得商榷。Wilson 和 Landoni（2001）通过控制阅读内容的长度、阅读任务难度分别对电子阅读和纸质阅读展开研究，并通过阅读行为、阅读态度、阅读反应等指标来检验学习者的阅读效果。研究发现，当前多数人还是喜爱纸质阅读的方式，并且认为相对简单的阅读任务（名词解释、填空）不宜采用电子阅读方式，后者在这些任务上反而降低了学生的认知水平。Ackerman 和 Goldsmith（2008）从元认知研究框架出发，考察了不同自我调节学习条件下，学生的电子阅读和纸质阅读成绩，结果发现在固定学习时间条件下，两者学习成绩差异不显著，在自我调节学习条件下（学习时间自由掌握），电子阅读的学习成绩比纸质阅读差。

研究者普遍认为电子阅读是阅读活动的一种，其本质仍是获取知识和信息，因为电子阅读的载体兼具知识和娱乐功能，阅读者需要明确目标，调整注意力的分配，增强信息检索和利用能力。但他们并没有针对电子阅读与纸质阅读进行深入的比较研究，因此上述结论需要认真审视。

2.4.3 电子阅读器的发展对电子教材在教学中应用的影响

美国科学家 Vannevar Bush（1945）在《大西洋月刊》上发表的一篇文章《As We May Think》中提到的信息机器 Memex 可以说是电子阅读器设备的原型产品。随着电子阅读器的快速发展，如何选择合适的电子教材阅读设备也成为各试点单位积极探索的领域。

目前，主要有两大电子教材阅读器产品被选为电子教材项目试点产品，即基于 e-Ink 显示技术的亚马逊 Kindle 阅读器和基于 LED 显示技术的苹果公司的平板电脑 iPad。著名国际非营利组织新媒体联盟（New Media Consortium）在其最新发表的《The Horizon Report 2011》中指出，电子版书籍（Electronic Book）可望在 1～2 年内取代实体教科书，技术表现形式的进步和产品价格的下降将是推动电子教材不断向前发展的强大动力。这些都成为推动电子教材试点研究的推动剂。

尽管这些设备在人机工效学方面有非常愉悦的体验，但是要把电子阅读设备作为一种常规化的学习设备，关于电子教材阅读终端的尺寸大小、字体大小、电池续航、售后维修、屏幕分辨率等都是需要关注的内容。

2.4.4　关于电子教材阅读终端对学生身心健康的影响

由于多数试点学校采用的阅读终端设备为笔记本电脑、平板电脑，为此，探究电子阅读对学生的社交技能和用眼疲劳的影响成为当前研究热点。

Mihye Kim，Kwan-Hee Yoo，Chan Park & Jae-Soo Yoo（2010）指出，已有相当多的研究结论发现，电子教材软件平台提供的强交互功能不仅促使学生深层次的互动，还为在课堂上不爱发表观点的学生提供了最佳发言场所。此外，研究者（Yen-Hui Lin，Chih-Yong Chen，Shih-Yi Lu 等，2008）发现长时间注视视频终端对人体视觉疲劳有不同程度的影响。但是大多数的研究都是针对经常面对视频终端的成人群体进行的一次性测试，或持续观察周期相对较短的实验对象进行闪光融合临界频率的测试分析，因而不具有代表性。另外，研究者对每天待在屏幕前 2 小时以上的儿童进行观察，发现他们容易出现情绪问题、过度兴奋，以及人际交往方面的障碍。

如果实验对象是将电子阅读常规化的中小学生，究竟视频阅读终端对他们的身心产生什么样的影响？这个问题值得进一步探索。这样的研究结论也可作为间接回答电子教材的硬件条件在基础教育课堂应用是否成熟的答案。

2.4.5 关于电子教材标准的研究

为了能够使不同的阅读终端具有兼容性，国际数字出版论坛(IDPF，International Digital Publishing Forum)发布了开源的 epub 格式的电子书出版格式标准。此外，在电子教材的软件标准方面，韩国教育科学与技术部从国家层面研发电子教材出版的软硬件平台、内容标准，分别研制了适用于 Windows 和 Linux 操作系统的软件平台标准，有效避免了因电子教材大规模推广而产生的版权费用。

但是，这些国家的电子教材内容标准都是基于本国的教育体制而研制的，且正处在研究中。为了实现跨平台、跨媒体互操作，探索符合学生学习的模式，还需要考虑如何结合 ePublishing、eLearning 和 ePlofonia 标准来提高电子教材使用成效。

第 3 章　我国中小学教材建设与电子教材研发现状

3.1　我国中小学教材建设与出版现状

3.1.1　教材审核与标准

1. 缺乏科学完备的管理体系

新中国成立到 20 世纪 80 年代，我国一直采用独家编写、独家出版的教科书政策，全国各地使用同一种教材。自 80 年代开始，我国各地出现了探索教科书多样化的尝试，教育部也开始鼓励这种为了适应不同地区需要而进行的尝试。1999 年，教育部启动基础教育课程改革，教科书政策真正由"一纲一本"走向"一纲多本"。

在法制社会中，唯有借助相关法律，依法行事，才能真正提高教科书的编写质量。教科书编写单位与个人资格的确定、教科书审核机构的设立、审核人员选拔政策、审核程序的制定、审核结果的完全公开、教科书选定等过程都应有详细的法律条款支撑。

我国于 2001 年颁布《中小学教材编写审定管理暂行办法》，其中对教科书审定原则规定为："①符合国家的有关法律、法规和政策，贯彻党的教育方针，体现教育要面向现代化、面向世界、面向未来的要求。②体现基础教育的性质、任务和培养目标，符合国家颁布的中小学课程方案和学科课程标准的各项要求。③符合学生身心发展的规律，联系学生的生活经验，反映社会、科技发展的趋势，具有自己的风格和特色。符合国家有关部门颁发的技术质量标准。"上述原则显然有必要进一步补充和细化。

2. 教科书编写出版仍呈现半垄断局面

我国特定出版社因特定的历史原因拥有专门编写、制作及研究教科书的专业人员，其他新兴的教科书编写机构很少具有这些条件。虽然自 2001 年以来，不少出版社出版了相应的义务教育阶段教材，但是由于专业素质、编写教科书的经验等综合实力上无法与特定出版社匹敌，其教科书市场占有率始终不高。

要形成良好的竞争环境，进一步提高我国教科书的编写和出版质量，应该改善教科书编写与出版、发行方面的半垄断局面，投入专项经费扶植专门的教科书编写和出版、发行机构，逐渐形成一批熟悉学科专业、具有相当教科书出版经验的人员。同时，由权威机构或部门建立一套公开的、民主的教科书审核程序及公开制度尤为重要。审定程序和法规健全的情况下，整个审定过程必须向全社会公开，教科书编写人员和教科书审定人员不能重复，也不能在审定过程中出现任何交流，甚至可以公开审定教科书，鼓励全社会人员找出教科书的错误等。

3. 教科书的收费购买制度需调整

我国教科书都是由受教育者自己购买，为不增加受教育者的负担，政府不得不限定教科书的价格，为此，大多数编写和出版教科书的单位不得不通过缩减编写内容、降低编写和制作要求来降低教科书的成本，这种做法显然影响教科书质量。

为提高我国的教科书编写水平，我国应逐步改变教科书的收费购买制度，根据经济发展水平和文化教育传统，建立一套具有中国特色的教科书免费供应制度。

3.1.2 教材建设与出版

1. 教材编写尚缺乏学生意识

我国的传统教育以教育者为中心，这对教材的编写思想及评估标准有很大影响。我国的中小学教材总体上对学生的创新精神培养不足，学生负担重，教材内容偏深，编写中本来能点到即止的问题却弄得很烦琐，不能真正从学生的角度考虑问题（王玲，2002）。

2. 教材管理模式不够灵活

在现行教材管理制度下，教材编写过分集中，极大地限制了教材编写本身的质量和开发空间。各地管理部门为了保护自己的利益，也限制教材出版与发行的健康发展。

3. 教材选用与发行垄断

长期以来，教材都是由教育部门指定各地教育出版社组织编写，由新华书店负责发行，体制十分严密。这种教材选用与发行垄断的后果，是学校对教材可选的范围小，教材的地域适用性差。

3.2　我国电子教材缘起与发展

3.2.1　电子教材发展关键事件

电子教材最早可追溯到 20 世纪五六十年代，纵观电子教材的发展历程，可以看到几个关键事件。

1. 电教教材

20 世纪五六十年代，这个时期的"电子教材"其实是"电教教材"，主要是利用幻灯、投影、电视、广播、录音和录像等媒体制作、播放的辅助教学材料，能为学生提供形象生动的感知，弥补纸质教科书的不足，而成本却相对低廉。其中，相对完整、系统的录音、录像（后来的 VCD）等教材开始被称之为"（音像）电子教材"。1994 年马盛明发表的《电子教材的作用、类型和选题原则》中提到的电子教材就是指代这类电子教材的统称。

随着技术的发展，这类电子教材从本质上还是采用模拟信号进行编码和解码的教材，以磁带、录像带作为存储介质，与今天提及的电子教材有本质区别。

2. 电子课本

随着网络通信技术的发展，把纸质教材直接搬到网上，并通过计算机阅读，这种电子教材被称为电子课本。2002 年 7 月 23 日《人民日报华东新闻》报道的福州第八中学推出的在电脑上阅读的"高一地理电子课本"，被认为是我国中小学第一部"电子课本"。

这时候的电子教材主要是以计算机为介质，以网页形式存在。祝智庭教授曾指出对于电子教材，如果只是书本搬家，那么它仍然还是对传统教材的改头换面，算不上什么稀奇事物，更不具备高的创新含量。

3. 手持式电子教科书

随着数字网络技术的发展，出现了把硬件支持设备、软件平台和教材内容与资源进行一体化开发的电子教材，部分学者认为这个时期的电子教材可称为"手持式电子教科书"。我国第一部手持式电子教科书的雏形于 2002 年推出，由人民教育出版社(课程教材研究所)主持的全国教育科学"十五"规划教育部重点课题"手持式电子教科书在教学中的应用研究"承担，其目的是将文字教材和音像教材各自优势进行整合，利用新技术改变教材载体，与信息化社会接轨，提高学生学习兴趣。

人民教育出版社王冀良还对手持式电子教科书进入课堂提出六条准入原则：(1)一定要有利于学生用眼卫生，符合我国学生目前的阅读习惯，因此，显示屏的尺寸不能太小，字体字号要符合国家有关标准；(2)操作简便，以利学生尽快掌握使用方法，尽量给学生的阅读提供方便；(3)节能以降低使用成本，并可使用外接电源；(4)电子课本硬件价格应该较低，其后更新内容的费用要低于购买纸质课本费用，使得"总拥有和使用成本"低于纸质课本的费用；(5)电子教科书版式设计要遵循我国教材排版的基本要求，有利于学生学习；(6)存储量一定要大，至少要将本学期所有课本内容一次装入其中，避免学期中增删。

一些专家指出，作为以数字介质存储的电子教材，它需具备浏览方便快捷、易于发布更新、扩大交流共享等优点。但是，要体现和发挥电子教材的独特创新作用，不能只限于这些浅表的方面，而应该关注如何改变现有的课程体系和教学结构。例如，通过改变介质、扩充内容、提供指导等方式，新的电子教材需要打破原有学科课程材料的结构，不仅能让老师把更多的精力集中在如何优化教学设计、组织教学实施上，而且也能让学生借助电子教材来尝试自主学习、探究学习和互动学习等新方式。

3.2.2　电子教材相对传统教材的优势

随着信息技术不断深入课堂，传统纸质教材开始面临如下问题：

(1)在教材设计理念上，重视教师的"教"而忽略了学生的"学"。

(2)教材内容具有滞后性，纸质教材不能及时编入新知识，而且新编入的知识也容易在瞬间变得陈旧。

(3)教材呈现方式单一，纸质教材大都是以中等学生的程度而写的，不能适应学生的个别差异。

(4)教材的页码范围有限制，在篇幅有限的情况下，可容纳的内容非常有限。

(5)教材的呈现方式主要是静态的图文方式，无法整合视频、音频等动态媒体的呈现，即使随书有配套的光盘和磁带等辅助资源，也因缺乏整体连贯性而效果甚微。

教材的呈现方式很大程度上决定了教师怎样教和学生怎样学，引导着学生的学习方式和教师的教学方式，影响着学生的学习和发展。为了探索电子教材与纸质教材相比的优势特征，一些学者从表现形式、组织结构、内容更新、学习方式等方面对电子教材和纸质教材的优劣做了一个对比，如表 3-1 所示。

表 3-1　电子教材与传统纸质教材的比较

项目	电子教材	传统纸质教材
表现形式	除了纸质教材的文本和图片外，还提供多媒体资料、动态与静态结合	二维的、静态的，只有文本和图片
组织结构	线性与非线性	线性
内容更新	可以快速反映新的事实和知识、动态更新	内容固定，很难改变
学习方式	自定步调	统一步调
内容收集	能够与多样化的教育资源或者公共数据库相连	查找课本以外的资料需要持续投入时间和金钱
媒体	IT 设备（平板电脑/桌面电脑）	印刷纸质媒体
与其他学科的关系	相同学科不同年级、跨学科之间的衔接	专业内容，学科之间无衔接
方法	教师、学生和计算机之间的良好互动式学习、同步或异步交流	单向学习，关注知识传递
课堂效果	以学生为中心、自导式学习	单向课堂，很难适应不同学习者的学习水平
师生关系	教材、教师、学生呈网状关系	教师、教材、学生呈直线关系
便携性	需要携带硬件阅读设备	纸质介质携带方便

3.3　我国现阶段电子教材发展计划

据教育部统计数据显示，目前中国在校生达 3.2 亿人，平均每个学生的课本为 20 册，每学期总印数超过 60 亿册，每学年达到 120 亿册，而学生所用的作业本是课本的数倍，每学期每门课按 6 册计算，将达到 240 亿册，课本和作业本加起来将达到 360 亿册，其总价值超过 1 000 亿元（北京商报，2010）。在新的时代背景下，如何节约教材费用成为公众关心的话题，电子教材在国内再次掀起了研究的热潮。在教育部公布的 2008 年和 2009 年的教学用书目录中，涉及的 76 家出版社，有电子图书或数字出版的单位为 33 家，占比高达 43%。国家和省市部门近年来也陆续出台电子教材相关计划。

(1)2010 年 4 月，我国台湾地区教育部门发起"电子书包实验教学计划"项目，与戴尔(Dell)、宏碁(Acer)、华硕(Asus)等设备厂家合作无线互联教室系统，在 5 所小学开展电子教材试点研究。

(2)2010 年 6 月，上海市教委表示，上海将在全国范围内率先试点电子课本，力争 5 年内向全部中小学校覆盖。计划先在部分学校和学科开展试点，形成相对成熟的电子课程框架，逐步尝试建立教材数字出版和发行的新渠道，待技术进一步突破后，再逐步推进(吴善阳，2010)。整个项目规划路径如下：2010 年，建立电子书包研究团队；继续推进部分学校试点，研究学习心理及有效的课堂教学方式；完成部分网络专题教育课程和网上虚拟实验室；初步建成试验性交互平台。2011 年，筹建课程公司；推出第一本试验性的电子教科书；完成数字终端标准和数字课程资源的标准建设，并尝试定制数字终端。2012 年，成立项目推进领导小组，在部分区开始推广试验，采用部分纸质、部分电子课本的模式。2013 年，争取通过电子书包各项标准审核，并通过政府提供电子书包整体方案。

(3)2010 年 7 月，国务院正式颁布了《国家中长期教育改革和发展规划纲要(2010—2020 年)》，在第六十条中指出要强化信息技术应用：提高教师应用信息技术水平，更新教学观念，改进教学方法，提高教学效果。鼓励学生利用信息手段主动学习、自主学习。

(4)2010 年 9 月，教育部基础教育司组织召开"电子教材和电纸书在教育领域的应用前景专家研讨会"，并委托黄荣怀教授承担课题"我国基础教育电子教材发展战略研究"，要求调研国内外电子教材研发现状和发展趋势，规划我国电子教材研发的原则、框架和发展路径，制定实验方案。

(5)2010 年 10 月，新闻出版总署下发《新闻出版总署关于发展电子书产业的意见》文件，正式将电子书产业纳入新闻出版产业发展总体规划之中，制定电子书产业发展规划。将成立电子书内容标准工作组，研究制定电子书格式、质量、平台、版权等方面的行业及国家标准。将对从事电子书相关业务的企业实施分类审批和管理。

(6)2010 年 11 月，全国信息技术标准化技术委员会和教育部教育信息化技术标准委员会成立"电子课本与电子书包"标准专题组。专题组联合相关企业和研究机构共同研制电子课本与电子书包的行业标准和国家标准，并积极推进国际标准化工作(ISO/IEC JTC1 SC36)，推动电子课本与电子书包产业发展和应用，为促进我国教育信息化带动教育现代化做贡献。

(7)2010 年 12 月，中国人民大学附属中学西山学校的未来教育项目开展 iPad 平板电脑在课堂上使用的成功案例。

(8)我国香港教育局为推动数字学习资源之开发与发展，于 2008 年成立"课本及电子学习资源发展专责小组"，结合教育行政部门、学者专家、中小学校长、教科书出版机构等，共同研议课本及电子学习未来发展方向。2011 年，香港教育局推出"网上电子资源交易平台"，为教师、家长及学生提供选购电子学习资源的途径，也为电子学习资源出版者提供产品展示及销售的渠道。2011 年，香港教育局拨款 5 900 万港币，在 61 所学校推行电子学习试验计划。其中，上水区小学获得 515 万港币的拨款，未来 3 年在全校中、英、数及常识四科中推行电子教材教学，与出版社共同合作研发校本电子课本。试验期间，家长无须为孩子支付电子课本费用，只需购买电子教材阅读设备即可。预计 3 年计划结束后，上水区小学期望变成"无实体教科书校园"。

3.4　我国电子教材功能设计

3.4.1　几种典型的电子教材功能设计

1. 面向 PC 的电教教材

2003 年，江苏常州市武进区以课题"苏教版小学语文电子教材的开发与应用研究"为依托，开始研究电子教材。该研究对电子教材涉及的开发人员和电子教材的应用模式进行了详细介绍，如图 3-1 和图 3-2 所示。

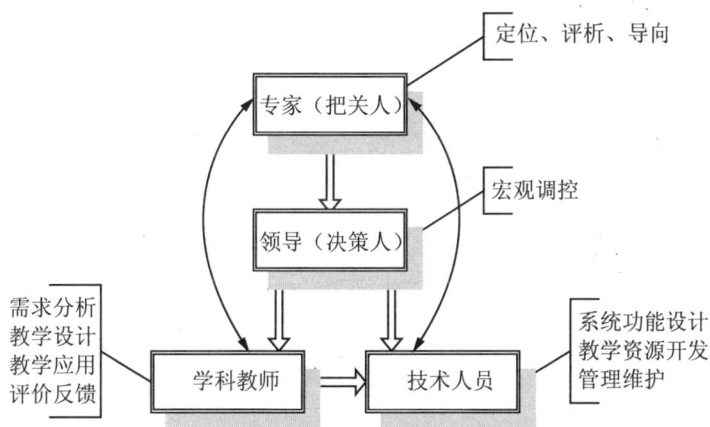

图 3-1　江苏常州市武进区电子教材开发人员及主要分工

该课题所开发的主要面向 PC 电脑的单机版和网络版电子教材，实属一种地方电教教材，与今天的电子教材有着本质区别，但具有一定的启发性：在开发人员上需要考虑多种角色，并确定每一类角色的工作任务；在教学应用上需要考虑课上和课下的支持。

2. 依托平台的网络教材

人民教育出版社英语网络教材也叫"英语互动 Q 学堂"，是根据人民教育出版社出版的《英语（新目标）》七、八、九年级为内容蓝本，以

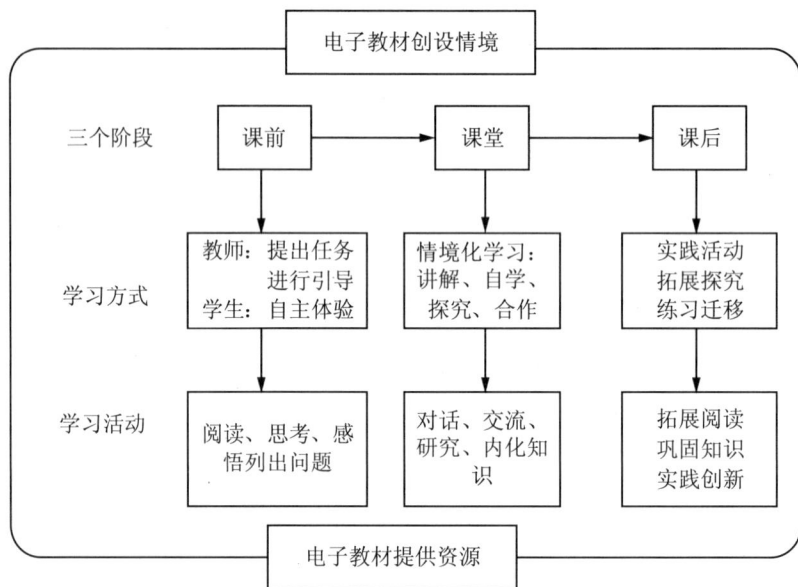

图 3-2　江苏常州市武进区电子教材教学应用模式

exFree.com网络语言学习平台为依托，提供语音听读、角色扮演、背诵辅助、智能问答、在线语法、浮动词典、词语助记等便捷高效的学习功能。该网络教材是一个开放的、互动的教学资源体系。面向教师的教材根据功能支持的多少分为教师版、教学版、教与学增强版，面向学生的教材也分为实用版和实用强化版，具体功能如表 3-2 所示。

表 3-2　人民教育出版社英语网络教材的功能

一级功能维度	二级功能维度
互动学习	动漫导入、听读、跟读自读、角色扮演、结对练习、口头回答、写作辅助、背诵辅助、活动与答案
通用学习功能	语法提示与查询、词汇解释与查询、单元词汇、学习助手（标记、注释）
增值学习功能	全文翻译、词汇游戏、阅读（文化拓展、同步阅读）、学习档案

续表

一级功能维度	二级功能维度
课堂教学与学习资源	教学活动-导入活动、教学活动－基础活动、教学活动－拓展活动、教学活动－拓展知识、教学活动－Funtime、单元知识巩固与提高训练
同步练习资源	单元练习册、单元评价手册
强化训练	单元测试、成绩汇总、弱项强化、题目收藏
辅助教学管理	师生信息沟通系统、学习信息查阅系统、教学活动编辑系统

人民教育出版社网络英语教材（教师版）为教师备课和课堂演示提供了更多支持，而学生版主要是以学习者自主学习为主，把教科书、辅导书、工具书和听力磁带整合一体化。在学生与教材的交互功能方面体现了更多的智能支持。课本中还加入书签、笔记和标注等功能和荧光笔、橡皮擦和调色板等辅助工具，提供了个性化的学习环境。

但是，目前网络教材在使用中也存在不足，如：在教材功能上，尽管提供了许多功能，但是多数功能并没有被师生使用；在使用方式上，教师还是以课堂演示型课件的使用方式为主，学生参与不多；在教学支持上，教师个性化备课支持不足，许多功能与教材内容绑定在一起，教师不能灵活地增添资源和习题；在访问方式上，依赖于网络访问，不能下载到本地存储，使用者经常因为网络连接不畅或带宽不够，导致重新登录，视频播放不流畅。

3. U 盘为载体的电子教材

目前一些教材出版社基于版权保护考虑，在一些实验学校推出以 U 盘为载体的电子教材。以明博教育集团联合教育部教学仪器研究所联合开发的优课电子教材为代表，这类电子教材的内容主要是通过图片、文字、音频、视频等多媒体手段呈现原有纸质教材中的教学内容。面向教师和学生分别提供不同的教材版本。教师版为教师备课和课堂演示提供支持，教师可以使用电子教材进行资源检索、在任意位置添加教学素材，且文件大小和格式不受限制，支持录播功能。此类电子教材由于是单机版，不受网络环境影响，不过内容存储以 U 盘为载体，如果 U 盘丢失，电子教材内容与用户笔记就会全部丢失。

此外，一些学者还提出了多媒体教材、一体化教材的教学设计方法。目前国内的各大教材出版社都在从纸质出版向数字出版转型，人民教育出版社、北京师范大学出版社、江苏教育出版社等主流教材出版社都在尝试开发不同科目的电子教材，正在从早期的网页版、光盘版教材向交互性更强的电子教材进军。

3.4.2　电子教材功能设计存在的不足

针对当前电子教材的功能设计与教学实验问题，台湾学者陈颖青(2009)指出了以下主要问题。

1. 只重硬件，忽视软件

电子教材不只是将学习内容用屏幕呈现就行了。对学生上课而言，如何画重点，如何作笔记，如何在书页上加标签、折截角，都是上课时最需要处理的事情。而且由于上课还需要听老师讲课，更不允许花太多心思在执行标注、笔记等事情上。大部分的产品，基本上只停在有无这些功能的程度上。如果只是有这些功能，却没有考虑这些功能如何才能适应用户的使用需求，那么在使用者体验方面，就注定不会有好结果。

2. 只问功能，不问需求

厂商只关注功能的增加，却没有关注到使用者的真正需求。例如在过去电子书包的案例中，电子书就是个声光动画音效兼具的程序。鼠标移到关键词，会跳出动画，会说故事，会出题让使用者回答，各种互动功能让人眼花缭乱。问题是课堂上需要这些功能吗？这些功能可能适合个人阅读时使用，但对上课情境却是致命的干扰。一个电子课本需要仔细区分上课情境(更直觉的笔记功能)、做功课情境(各种工具书、搜寻支持)、复习情境等。

3. 未关注注意力的保持

以麦克鲁汉的媒体冷热理论来说，冷媒体需要人类全神投入，而热媒体反之。纸张书是标准的冷媒体，它缺乏超链接和互动，逼迫读者专注其中，因此完全占有读者的心智和情感，反而提升了阅读体验，这是冷媒体的效应。任何数字版本，功能越多，热量就越高，因此如何让学习者保持注意力值得探究。

4. 电子教材应存储在阅读设备中

推行电子教材的部分原因是给书包减负，如果只是部分内容存储在电子阅读设备中，那就意味着学生既要带其他课本，也要再带阅读设备。这样的话书包减负的问题还是不能解决。在教学中，真正需要的是符合教学需要的电子教材，而不是功能丰富的教辅材料。

第4章 我国电子教材发展环境分析

4.1 信息化基础环境建设与发展

4.1.1 各省当前互联网普及水平较高

根据中国互联网络信息中心（CNNIC）第 29 次统计数据（2012 年 1 月），从互联网普及率上看，2011 年我国互联网普及率仍有增长态势，网民规模呈现明显增长趋势。不过，我国互联网发展的地域差异依然延续，北京市的互联网普及率已经超过七成，达到 70.3%，而互联网普及程度较低的云南、江西、贵州等省份互联网普及率不到 25%。

与 2011 年全球互联网普及率（30.2%）进行比较，我国超过这一水平的省市数量达到 21 个。其中，北京、上海、广东、福建、浙江、天津、辽宁、江苏、新疆、山西、海南和陕西 12 个省市的互联网普及程度超过全国平均水平，这些省市大部分集中在东部沿海。另外，山东、湖北、重庆、青海、河北、吉林、内蒙古、宁夏和黑龙江 9 个省市的互联网普及率高于全球平均水平，但低于我国互联网整体普及率。

而我国互联网普及率低于全球平均水平的省市共有 10 个，包括西藏、湖南、广西、四川、河南、甘肃、安徽、云南、江西和贵州，大部分为中部和西部地区较不发达省份。

2011 年各省的网民规模和普及率如表 4-1 所示。

表 4-1　2011 年各省网民规模和普及率

省份	网民数/万人	普及率/%	增长率/%	普及率排名	网民增速排名
北京	1 379	70.30	13.20	1	9
上海	1 525	66.20	23.10	2	1
广东	6 300	60.40	18.30	3	2
福建	2 102	57.00	13.70	4	8
浙江	3 052	56.10	9.50	5	23
天津	719	55.60	10.90	6	17
辽宁	2 092	47.80	9.20	7	25
江苏	3 685	46.80	11.50	8	15
新疆	882	40.40	7.70	9	28
山西	1 405	39.30	12.40	10	10
海南	338	38.90	11.40	11	16
陕西	1 429	38.30	10.30	12	22
山东	3 625	37.80	8.80	13	26
湖北	2 129	37.20	11.90	14	11
重庆	1 068	37.00	7.90	15	27
青海	208	36.90	10.40	16	20
河北	2 597	36.10	18.20	17	3
吉林	966	35.20	9.50	18	24
内蒙古	854	34.60	14.40	19	6
宁夏	207	32.80	18.20	20	4
黑龙江	1 206	31.50	7.00	21	29
西藏	90	29.90	10.80	22	19
湖南	1 936	29.50	10.80	23	18

省份	网民数/万人	普及率/%	增长率/%	普及率排名	网民增速排名
广西	1 353	29.40	10.40	24	21
四川	2 229	27.70	11.60	25	14
河南	2 582	27.50	6.80	26	31
甘肃	700	27.40	6.90	27	30
安徽	1 585	26.60	13.90	28	7
云南	1 140	24.80	11.70	29	13
江西	1 088	24.40	14.50	30	5
贵州	840	24.20	11.90	31	12
全国	51 310	38.30	12.20	—	—

注：港、澳、台数据不包括在内。

4.1.2　各省出台规划支持电子教材发展

截至 2011 年，全国各省市《中长期教育改革和发展规划纲要（2010—2020）》（以下简称《规划》）陆续出台，绝大多数都用了单独的一章阐述要加快教育信息化基础设施建设、加强优质教育资源建设与利用、加快教育信息化服务体系建设，总的来说这为"电子教材"的发展提供了良好的信息化环境。

（1）部分《规划》明确提出要积极探索与推进利用电子书包等现代信息化教学学习方式，如广东、上海、浙江。上海市提出"每一个受教育者都能通过教育信息化建设成果随时随地享受个性化的优质教育，为学生提供更加开放、便捷的学习环境"。浙江省既注重近期的计算机配备、实验室建设，又着眼当前技术进步的新特点，把移动学习、虚拟现实、电子书包、打造终身学习体系等列入《规划》之中。《规划》提到"要积极推进下一代互联网在学校的建设和应用；积极探索与推进基于移动终端、3G 技术、物联网、云计算和下一代互联网的网络教学、虚拟实验、电子书包和移动学习等现代信息化教学学习方式，有效整合 CERNET 资源；到 2015 年，50％以上的学校校园网建成 IPv6 网络平台，开展基于 IPv6 的教学和应用服务"。

(2)《规划》中强调要提升信息技术应用水平。如"提升信息技术应用水平，加快农村中小学信息技术教育的普及，着力提高教师现代教育技术应用能力，全面推进信息技术在教育教学中的广泛应用。营造积极健康的网上学习环境，鼓励学生利用信息技术手段学习。重视信息化教育资源的普及和共享，形成高效、开放、共享的信息化教育模式，促进教学和学习方式的转变"。

(3)各省在全面组织实施国家重大改革试点的基础上，针对制约各省教育发展的突出问题和薄弱环节，以及发展各省特色的教育，选择部分地区和学校组织开展改革试点。如北京市的《规划》提出"要开展基础教育课程教材改革试验。着力建立课程教材改革试验长效机制，逐步形成现代化基础教育课程实施方案。进一步深化基础教育课程改革，推动形成学科门类设置科学完善、课时安排合理、内容符合素质教育要求的课程体系。建立科学的三级课程评价机制，形成富有特色的地方课程、校本课程。修订完善北京市中小学实验教材，加强对教材选用的统筹"。山西省的《规划》提出"要推进素质教育改革试点。探索减轻中小学课业负担的有效途径和机制。完善中小学课堂教学模式改革。探索开展研究性学习活动和综合实践活动。加强基础教育课程教材建设，推进开发校本课程。开展普通高中多样化发展改革试点，建设一批特色鲜明的普通高中和普职融通的综合类高中"。广东省的《规划》提出"鼓励支持各市、县(市、区)和学校从实际出发，积极开展各项改革试验"。

(4)《规划》提及要关注网络信息安全建设。如天津市的《规划》提及

"要提升教育信息网络安全保障水平。加强教育信息安全保障体系建设，实施积极防御的安全保障策略，防止病毒、黑客攻击和各种不健康信息对校园的侵蚀。加快教育信息安全法规建设。加强信息安全机构建设，建立教育信息安全组织管理体系。构建教育网络信息安全评估标准和机制。广泛进行信息安全教育，增强教育工作者的信息安全意识"。

(5)各省《规划》中都承诺明确各级政府财政教育支出占财政支出的比例。按照国家规定，2012年的财政性教育经费支出应占GDP的4%，因此各省都积极通过多渠道筹措教育经费，有些省份还开辟了专项经费，鼓励学校进行教学改革试验。

综合考虑各省市的教育经费投入、教育信息化基础设施建设、数字教学资源建设、师生信息素养等，北京、上海、广东、浙江、江苏、天津等省市的信息化建设较为成熟，中西部省份如青海、内蒙古、贵州、江西等还较为薄弱。

4.2　电子书阅读行业市场化趋势明显

据第9次全国国民阅读调查结果显示，2011年，中国18～70周岁国民数字阅读方式的接触率达到38.6%，与2010年相比增幅上升了5.8个百分点，增幅为17.7%。而各类数字化阅读方式的接触率均有不同程度的增长。另外，从各类媒介接触时长来看，中国18～70周岁国民平均每天接触互联网、手机阅读和电子阅读器等媒介的时长有所增加。可见，新兴媒介已显示出较强的吸引力，数字阅读离人们的生活越来越近。

《2010－2011年度中国电子图书发展趋势报告》显示，2006年中国电子图书的读者为4 300万人，2010年读者达到12 119万人，5年读者人数增加了近3倍。未来受互联网技术、移动技术的更纵深发展和数字出版产业的加快，以及移动阅读的大量普及等因素的影响，读者数目持续增加的趋势还将延续。

　　电子图书业务类型呈现多样化取向，主要由数字图书馆、收费阅读的图书、手机阅读等，具体销售收入分布如表 4-2 所示。可以看出，2010 年，手机阅读市场最终收入超过 6.1 亿元。在电信运营商阅读基地的带动下，电子书市场的总收入比 2009 年大幅增长 203％；同时，在收入结构比例中，个人用户支付部分以 70.6％的市场份额大幅超越传统数字图书馆市场。这标志着中国电子图书市场已经快速迈入个人市场时代。

表 4-2　中国电子图书业务类型分布　　　　单位：万元

业务类型	电子图书销售收入/百分比				
	2006	2007	2008	2009	2010
数字图书馆	11 000/74.3％	12 100/71.4％	12 200/53.9％	12 250/42.7％	12 259/14.1％
收费阅读	3 000/20.3％	3 700/21.8％	6 900/30.5％	9 700/33.8％	11 349/13.1％
手机阅读	300/2.0％	650/3.8％	3 030/13.4％	5 760/20.1％	61 430/70.6％
专用手持终端阅读	500/3.4％	490/2.9％	500/2.2％	700/2.4％	1 317/1.5％
其他				300/1.0％	600/0.7％
合计	14 800/100.0％	16 940/100.0％	22 630/100.0％	28 710/100.0％	86 955/100.0％

　　电子书阅读行业的发展，为各大网站、出版集团、手持设备供应商等都带来了全新的发展契机，他们均表示对电子图书市场的发展充满信心。书生公司总裁姜海峰指出："电子版权保护、商业模式和电子图书标准是这一行业发展的三大问题。"随着大网站的加入，预计未来两年内，网络电子图书的付费阅读模式将进入快速发展阶段。新闻出版总署科技与数字出版司数字出版处处长王强表示，当前数字出版产业迅猛发展，每年的增长速度超过了 50％，2010 年超过 750 亿元人民币。中国台湾城邦出版集团 CEO 何飞鹏预测称，在中国台湾地区，传统出版的"半衰期"

是到 2015 年，即 5 年内传统纸质图书的市场份额就将下降到 50％以下。毫无疑问，阅读形式的改变已经逐步进行。

4.3 电子书阅读硬件进入高速发展期

电子书阅读业务的市场化，进一步催生了电子书阅读硬件的发展。这里所说的电子书阅读硬件主要指两种：一种是以 e-Ink 技术为主的电子书阅读器；另一种是移动互联网终端设备中的电子书功能，比如智能手机、平板电脑、iPad、e 人 e 本等，尤其是平板电脑，都把电子书阅读功能作为一个标准配置。

以 e-Ink 技术为主的电子书阅读器，作为电子书内容传播链的终端设备，是传统出版向数字出版迈进的一种数字出版模式和市场平台。这里所说的 e-Ink 阅读器是指采用电子墨水显示技术的电子阅读终端设备，其技术原理不同于手机和电脑的液晶显示屏，电子书阅读器采用电子墨水显示，无反光，无辐射，显示效果与纸张基本相同，文字在阳光的照射下也清晰可见。

2010 年 1 月以来，已有几十种不同品牌和型号的电子书阅读器新产品投放市场，不同的阅读器产品的物理性能、功能、市场定位、信息服务和商业模式等方面存在一定的差异。我国市面上比较常见的有 Amazon 公司的 Kindle 系列、Sony 公司的 Reader Daily Edition、富士通的 FLEPia、汉王科技的 D21、易博士的 M218、方正文房阅读器等。它们的质量多在 200～550 克之间，待机时间可达 2 周左右，售价 1 500～7 000元不等。由于阅读器开发商与电信运营商合作，一些阅读器产品内置 3G 上网功能，不但可以用来阅读，还可以让用户无线下载包括音乐在内的各种内容，进一步拓宽阅读器在休闲、娱乐和商务方面的应用。

而电子书阅读器的价格也呈逐年下降趋势，从表 4-3 可以看出，

2008 年，电子书的价格还处于中高端的礼品价位，到 2009 年已有明显下降，2011 年进入到千元以内的价格，虽然这个价位对这种单一功能的阅读器来说离大众消费市场仍有距离，但表明部分电子书阅读器产品已进入到中低端市场，逐渐普及化。

表 4-3　部分主要电子书价格变化情况表　　　　单位：元人民币

2008 年		2009 年		2011 年	
产品	价格	产品	价格	产品	价格
Kindle	2 758	Kindle DX	1 761	Kindle 3	903
汉王 N510	2 000	汉王 N518	2 980	汉王 N518 听书版	999
翰林 V2	2 800	翰林 V5	1 900	翰林 V5	958

注：数据来自太平洋电脑网报价。

随着平板电脑的迅速发展，其作为电子书阅读终端的优势也越来越明显。来自互联网消费调研中心的数据表明，通过对 2010 年下半年中国平板电脑与 e-Ink 电子书的关注度走势对比分析（如图 4-1 所示），发现平板电脑与 e-Ink 电子书的关注差距越来越大。平板电脑在 2010 年下半年受到消费者的关注不断提高，标志着平板电脑产业发展势不可当。

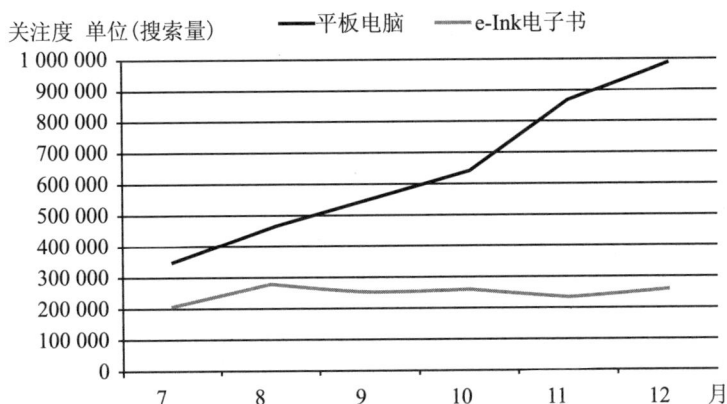

数据来源：互联网消费调研中心（ZDC）

图 4-1　2010 年下半年中国平板电脑与 e-Ink 电子书的关注度走势对比

平板电脑的演进来自软件和硬件两个方面。硬件方面，大部分平板电脑厂商采用了不同于 Intel 公司 X86 架构的 ARM 架构体系，在保证运算能力的同时还能有效降低功耗；软件方面，市场已经证明传统的 Windows 操作系统并不适用于以触摸操作为主的平板电脑，因此几个主要厂商都为平板电脑提供了专门优化或改进的专用操作系统，如苹果公司 iPad 使用的 iOS 操作系统、Google 的 Android 3.0 操作系统以及微软的 Windows 8 操作系统等。此外，适用于平板电脑触摸操作的应用程序大量涌现，推动了平板电脑销量的提升。2011 年年初举办的国际消费电子产品展(CES2011)会上，各电子产品厂商设计开发的平板电脑纷纷亮相，具体如表 4-4 所示。由此媒体普遍把 2011 年称为"平板电脑元年"，可以预见，平板电脑在未来很长一段时间内都将处于高速发展期，各品牌平板电脑在性能上的优势为高质量的电子教材阅读设备的出现提供了很好的机会。

表 4-4　CES2011 平板电脑汇总

型号	系统	尺寸（英寸）	屏幕分辨率	内存（GB）	存储容量(GB)	摄像头（万像素）
联想乐 Pad	Android 2.2	10.1	1 280×800	1(2)	16/32	200
摩托罗拉 Xomm	Android 3.0	10.1	1 280×800	512M	32	200/500
华硕 Eee Pad MeMO	Android 3.0	7	1 024×600	—	—	120/500
华硕 Eee Slate EP121	Windows 7	12.1	1 280×800	2(4)	64	—
华硕 Eee Pad Slider	Android 系统	10.1	1 280×768			120/500
华硕 Eee Pad Transformer	Android 3.0	10.1	1 280×800	—		
宏碁 Iconia	Windows 7	14	1 366×768	4	320/500/640/750	配置
东芝平板	Android 2.2	10.1	1 280×800			200/500
三星 Sliding PC 7	Windows 7	10.1	1 366×768	—	32/64	130

型号	系统	尺寸（英寸）	屏幕分辨率	内存（GB）	存储容量(GB)	摄像头（万像素）
宏碁 Iconia Tab A500	Android	10.1	—	—	—	—
NEC 云计算双屏板	Android 2.1	7	—	—	—	300
RIM PlayBook 4G	黑莓平板系统	—	—	1	—	—
戴尔 Streak	Android 2.2	7	1 280×800	—	—	—
戴尔 Inspiron Duo	Windows 7	10.1	1 366×768	2	—	—
富士通 Oak Trail	Windows 7	10.1	—	2	—	—
宏碁 Iconia Tablet	Windows 7	10.1	—	2	32	130
优派 ViewPad 4	Android 2.2	4.1	800×480	1	2	30/500
优派 ViewPad 7	Android＋Windows 7	7	800×480	—	—	30/300
优派 ViewPad 10	Android 1.6＋Windows 7	10.1	1 024×600	1	16	130
华为 S7	Android 2.1	7	800×480	—	—	200
海尔 UPad	Android 2.2	7	—	—	—	内置
AOC 平板电脑	Android 2.1	8	800×600	—	—	—

4.4 "一体化教材"出版需求明确

为适应教育信息化的发展，一体化教材被逐渐广泛接受和采用，尽管它的发展只有十多年的时间，但为我国基础教育的跨越式发展起到了良好的支撑作用。关于"一体化教材"，国内外有多种说法，包括"立体化教材""一体化教材""多元化教材"等，但大多都是从教材的表现形式上来论述的。基于一体化教材的信息化课程整体服务体系建构的过程称为一体化出版。一体化出版的本质和内涵是出版服务的一体化，而不仅仅是教材表现形式的多样化，具体可以从以下几方面理解：

1. 教材内容呈现的一体化

一体化出版的呈现形式从根本上突破了单纯的印刷媒体的局限，从单一的印刷教材发展到网络课程、教学课件、音像制品、教学资源库（含试题库）、教材应用和服务支撑平台等多种一体化状态的呈现形式。这些组成部分通过一体化设计采用不同的编写方式，把教材的精华从各个角度呈现给师生，既有重复、强调，又有交叉和补充，相互配合，形成一个信息化课程的有机整体。教材是学习的基本内容，教学课件帮助教师讲解难点与重点，网络课程则辅助学生自主学习，音像制品可以替代教师帮助学生学习，教学素材为学生扩展视野提供更为广阔的空间，试题库或习题集则要完成对教学效果进行测试与评价的任务，支持平台则可为教师和学生提供全面教学和学习的支持服务。呈现形式上，一体化教材有利于教师和学生使用相关资源进行更加灵活的教与学，尤其能够大大激发学生的学习兴趣。

2. 人才培养的一体化

数字化教学资源与网络化的互动教学平台构成信息化课程整体解决方案的主体，它提供了开放、互动、共享、协作、自主的网上学习环境，除了保证学习者能够习得课程专业知识和技能之外，在培养学习者的信息素养、协作能力、创新能力、实践能力等方面，更体现出传统教材不能企及的优势。因此，一体化教材所培养的不是单一的知识型人才，而是充分符合信息社会需求的多维度、全方位、知能并重的应用型人才。

3. 教材应用服务的一体化

一体化出版的核心内涵是出版服务的一体化，出版社要从以教材开发为核心转向以提供基于教学资源的增值服务为核心。这种服务首先要在时间上一体化，把教材送到读者手里不是服务的终结，而是服务的开始，对读者使用教材时的疑问解答、资料补充、个性化需求的满足、作者与读者的交流等，服务将延续到读者的整个学习期间。其次是服务形式的一体化，通过教材应用和服务支撑平台提供全面的教材应用服务，如教材售前咨询、教材演示、对教材产品的用户定制、教材协同开发支持、教材应用经验分享、教材资源共建共享、教材使用者与开发者之间互动交流，涉及教材开发建设、教材售前服务以及应用支持服务三个领域。最后是服务对象的一体化，出版社不仅为著者和发行商服务，更重要的是要为读者、教师以及能够为教材提供有价值资料的用户群体服务。一体化出版服务的对象、服务的方式、服务的时间分别具有多样类、多形式、多阶段的特点，呈现开放、动态、一体化的特征，体现了知识经济时代以人为本的基本要求。

4. 出版支持系统的一体化

传统印刷教材的出版服务支持系统基本上都是对内服务的，服务于印刷、排版和管理，而一体化出版服务的时间、形式、内容、对象等都发生了巨大的变化。除了传统的服务支持系统外，更需要多种网络服务系统提供全面的服务。比如 Pearson 出版集团将其所有出版的教材都开发成电子的形式在网上发布，任何购买他们教材的读者，都可以获取网上课程中心的后续资源更新服务或者是在线课程教学服务。支撑这种服务的核心系统就包括运行在网络上的 Coursecompass、MyPHLIP 系统，还包括前端的网络教学平台。出版支持系统出现了明显的一体化特征。

5. 出版互动的一体化

传统的出版流程是作者应出版社要求编写教材，编辑把关，正式出版后由发行部门通过分销体系送到读者手里。这种信息流是单向的，在图书出版和使用的过程中，读者、编辑和作者是隔离的，不能及时交互。而一体化出版将打破这种局面，信息交互将是多维度的、立体交叉的，作者、编辑、教师、学生不再是单向线性的传递信息，而是多维互动。比如，教师在使用教材的过程中向作者提供补充性的资料，向编辑提出个性化、定制出版的内容，学生在学习的过程中向作者提问，请求解答，教学内容的组织与呈现提出批评改正意见；编辑和作者可以及时修订内容，向教师和学生及时发布等。在这种多维互动的出版过程中，作者和读者的角色将有一定的模糊，读者对教材内容的贡献将更加重要，教材编写将从个体智慧变为集体智慧，编辑更多地要充当知识发现与知识管理的角色。

综上所述，一体化出版提供的是一套信息化课程的整体解决方案，该解决方案以先进的教学理论和学习理论为基础，以网络、多媒体等现代信息技术为依托，充分体现灵活性、开放性、动态性、一体化的特征。其体系中的所有元素都依据教学设计方案进行统一的计划和安排，各个维度、各个元素都体现出相辅相成、相互促进的特点，杜绝孤立和分散，最终达到最大限度地满足教学需要和教育市场需求，形成教学能力，促进教学改革的目的。

第5章　我国中小学电子教材应用需求调查分析

5.1　电子教材应用需求及期望的访谈分析

　　电子教材的优势是显而易见的，其发展所需要的信息化环境已基本成熟。但是，电子教材是否可作为纸质教材外的另外一种选择？电子教材能否进入我国中小学课堂？这些问题还有待考证。为此，笔者针对相关人员进行了访谈。

5.1.1　访谈设计与实施

　　访谈针对教师、学生、家长、教育管理部门、出版社、电子教材商业出版公司6类人群（如图5-1所示），通过座谈和访谈相结合的方式，获取他们对基础教育电子教材可行性的认识，挖掘其现实需求和潜在期望。访谈共历时10个月，共涉及18个单位的60人，其中，中小学教师19人，学生15人，家长3人，教育行政部门领导1人，中小学中级领导9人，新闻出版部门1人，国外高校机构和政府机构各1人，软硬件产品厂商8人，电子教材商业公司3人。

图 5-1　访谈群体分类

5.1.2　教师的需求及期望

通过对中小学教师进行访谈，发现其需求及期望如下。

(1)电子教材与纸质教材将长期共存。中小学教师认为电子教材是当前信息化时代下教材变革的一种趋势，但是在目前不可能取代纸质教材，未来很长一段时间将是电子教材与纸质教材共存的局面。

(2)构建适合电子教材的使用环境至关重要。中小学教师普遍认为，尽管手持式电子教材阅读器对课堂上使用电子教材具有技术性的变革，但是设备并不是影响基础教育课堂上使用电子教材的最关键因素，最重要的是需要与中小学教师一起研究教法和学法。教学方式和学习活动的开展至关重要，需要教育专家、教学设计专家一起共同研究如何构建适合电子教材的使用环境。

(3)应该尽快实施电子教材可行性实验研究。在我国当前的学制下，电子教材的可行性需要通过实验进行决策。选择实验的学校最好具有代表性，以信息技术基础环境比较好的学校开展试点较为合适，而年级可考虑从小学三、四年级开始，最佳的科目当属英语学科，因为语言类学科可充分利用教材的多媒体互动特征。此外，研究性学习方式比较适合应用于电子教材课堂。

(4)推广电子教材需要解决的问题是推行电子教材的途径和机制、电子阅读设备的监控和安全问题、对教师的培训、研究机构、硬件厂商和学校一起构建使用环境，形成一套可行的解决方案。

(5)电子教材软件设计能够把内容、习题、电子词典、作业评价、家校沟通等集成在一起，让学生能够方便地学习。

(6)电子教材硬件设备价格在1 000元左右比较合适，电池续航一定要能满足学生日常学习，教师能够对学生的设备进行监控，需要有一只电子触控笔辅助学生完成写作任务，并且具有摄像、录音功能。

部分教师的观点摘录如下：

"考虑到电子教材对学生的信息素养有一定的要求，小学一、二年级的学生主要任务是认识和学习写汉字，三、四年级的学生就比较适合采用电子教材。"

"电子教材的开发必须跟现有纸质教材结合。老师爱用，学生可能也就更容易用。要有丰富的课外资源，满足学生的个性化学习需求。"

——北京市东城区回民小学

"要想成功推动电子教材在课堂上的使用，需要通过一些方式，比如做一个课题、一个项目，否则非常零散的使用，形不成规模。另外，教师都不知道把资源放在哪里好，学生也不知道在哪里能访问，领导还没有做出处理，我们正在准备恢复笔记本班。"

"采用平板电脑可能带来三个方面的问题——课堂管理不便；学生容易弄坏；所有权问题。所以使用平板电脑带来的课堂管理问题值得我们深入考虑。"

"我们在做试验的时候也要提前测量学生的电子阅读状况，培养学生的电子阅读能力，为电子教材的使用打下基础。"

——北京市东四九条小学

"电子教材应该上课时用。其实我觉得课内和课外结合着用是最理想的状态。但是就作为上课时用，肯定普及不了。如果作为纯粹的教辅，在课下去用，意义就不大。因为越到高年级，随着他的学习任务越来越重，他回家之后就基本上不会看这些东西。"

——北京市昌平实验二小

"类似于 iPad 大小的平板电脑作为硬件设备挺合适的，但是需要提供输入笔。小学生特别是低年级的孩子正是习惯养成的阶段。一定要有录音、摄像头，还可以安装一些传感器。"

"显示屏 10 英寸左右的平板电脑作为电子教材的介质，有点大；超过 1 千克的设备还是有点重，要轻一点，要一支笔。"

——北京市杨庄中学

5.1.3 学生的需求及期望

通过对已经适应笔记本电脑和台式机在日常课堂教学中使用的学生进行访谈，发现存在如下需求及期望。

(1)学生的作业形式和提交方式。学生的作业类型与课文内容紧密结合。学生提交作业的方式有三种：一是直接通过口头回答教师的问题；二是通过用笔在作业、练习册上完成作业；三是通过电脑查阅资料，提交电子版的作业。为了提高学生的打字速度，教师鼓励学生通过写日志的方式练习打字速度和准确度。

(2)写字习惯。学生倾向于用键盘输入的方式完成作业，为了强化学生的笔写能力，教师也会采取一些措施，加强学生笔写能力的锻炼。

(3)网络班与非网络班的区别。网络班的学生获取的数字资源比较多，除了在课堂上照着教科书阅读外，还通过网络查阅相关辅助资料，补充课堂学习内容。尤其是英语课，学生可以通过跟读和模仿的方式，提高发音的准确度。

(4)学习负担与多媒体学习资源使用。采用多媒体上课的学生学习任务比较多，学生感觉学习任务过重。课堂上，根据教师要求，学生基本上通过网络教学平台和专题学习网站获取学习资源。

(5)购买电子产品的考虑因素以及电子产品的拥有度和接受度。学生购买设备时会把价格作为首要考虑因素，其次是功能。大多数学生认为家长给自己买的平板电脑价格应低于 1 000 元，大小应该是 10 英寸左右，希望是防滑、防摔的，并能再轻一些。据调查，网络班的学生家里都配备了电脑。而对于平板电脑，少数学生有一些体验，大多数学生表示非常期待拥有这样的设备。学生认为电子教材比普通教材更生动有趣，希望电子教材能够实现翻页看，可以选中添加笔记，对电子教材有一些期待。

(6)使用电子教材可能遇到的问题及解决方法。当前网络班学生的学习方式并没有发生很大的变化，教师还是按照原有的思路进行教学，学生主要通过纸质教科书进行学习。如果使用电子教材进行学习，学生认为困难主要集中在生理方面，比如可能对眼睛带来不良影响。为了确保学生有效学习，需要解决上课玩游戏、注意力不集中等问题。解决办法主要是相互监督。

(7)电子教材适用的科目选择。学生倾向于首选语文，语文需要阅读大量课外阅读材料。如果采用电子教材，应提供相关的阅读资料。

部分学生的观点如下：

"我可以在平板电脑上做作业，直接发给老师，然后老师也在网上批作业，我想这样会好玩一些。"

"我就是经常玩一些英文原版的游戏，这样从中也能学到一些英语的知识。"

"我觉得有一个类似词典的软件，能帮我们翻译一些东西。"

——北京市西单小学六年级学生

"比如我们学热胀冷缩，可以放一个视频，让我们实际看到，不用亲手去做。而且亲手去做可能有危险，而在这上面去看呢，就方便许多。虽然没有真实感，但是你可以看出来实验的重要性，如果你们要做的话，也能看出来这个实验要说明什么。"

"我们一节课 40 分钟，不到半个小时我们眼睛就会很累。一天我们就有两次眼保健操，这样我们眼睛会受不了的。"

——北京市昌平实验二小五年级网络班学生

"我们学习苹果电脑的基本操作，半个小时内基本都会了，其实我们比父母学习苹果电脑的速度快多了。"

"我喜欢 iPad 这样的平板电脑，它比笔记本电脑小多了，背起来一点不沉，而且可以下载许多电子书和游戏在里面，还可以玩很久。"

"我觉得在电脑上看书挺好的，我们不玩游戏，在购买电脑前我们已经做了自觉遵守课堂纪律，养成良好学习习惯的承诺。"

——北京市中国人民大学附属中学西山学校未来教育班初一学生

5.1.4 家长的需求及期望

通过对家长进行访谈，发现如下需求及期望。

(1)家长愿意为孩子购买的电子辅助学习设备包括复读机、点读机、电子词典等。

(2)家长对 iPad 这类平板电脑还不熟悉，多数家长表示只能为孩子购买 1 000 元左右的电子设备，而目前的一些阅读设备价格偏高。

(3)家长普遍担心使用电子教材会带来一些负面影响。首先，家长认为长时间阅读电子教材可能对孩子的眼睛造成伤害，导致眼睛近视。其次，家长普遍担心孩子使用电子教材容易分神或玩游戏，影响学习。此外，家长认为使用平板电脑学习对孩子的脊椎发育有影响。

(4)家长不希望孩子经常接触互联网，担心孩子使用电子教材会养成对技术设备的依赖性，容易网络成瘾，影响学习成绩。

(5)家长主要通过飞信等短信平台与学校建立联系，对电子教材硬件设备的携带安全性和质量问题表示担忧。

部分家长观点如下：

"我就响应这个趋势买了一个，但开始他拿这个玩游戏比较多。我就有意识地给他下载儿童有声读物，刚开始是中文的，现在给他陆续下载一些英文的，让他有意识地去看。"

"我觉得 1 000 多块钱，最多 2 000 以内，如果再多就划不来了。这个设备最好是能够升级，一至六年级都能用，别一两年就不行了。还有就是你后续的服务要跟上，再好的东西如果后续服务跟不上都不行，比如说今天我这个坏了找不到厂家了，就很麻烦。"

"家长关注电子教材阅读设备的质量。我觉得一个是老师推荐，还有一个是孩子适用，因为毕竟他是用户。老师是从教材和教学考虑适合孩子，同时孩子觉得用得很上手，很喜欢用，那我觉得这样就可以了，家长喜欢不喜欢不重要。所以我觉得要做这个教材，第一，最好要有一线老师的参与；第二，有孩子的建议，孩子的一些想法是成人感受不到的。也就是说，我们要做一个大致的样品让一线老师参与完成，然后让孩子试用，试用后再修改，这种研发要经过很多次的修正。"

——北京市西单小学六年级学生家长

5.1.5　出版社的需求及期望

通过对出版社的相关人员进行访谈，发现如下需求及期望。

(1)制定电子教材出版标准。对电子教材的形态和定义至今没有达成一致的认识，出版社希望能够尽快研制出电子教材的出版标准，规范电子教材出版的市场准入机制。

(2)电子教材的利益分配和使用成本。出版社认为电子教材阅读终端和教材内容相比，教材内容占主导地位，电子教材的使用成本与教材形态、使用时长、服务类型密切相关，期望与有关单位一起运营。

(3)电子教材的版权保护。出版社对电子教材的版权最为担心，当前主要是以 U 盘和光盘为载体的单机版电子教材，当教材内容网络化后，如何保护电子教材的版权是出版社一直在积极探索的。

(4)出版社对硬件设备的要求。出版社开发的电子教材并没有针对某一指定硬件设备，教材内容可以在不同硬件设备和不同平台上访问，并希望在市场上阅读体验最佳的产品上呈现。

(5)电子教材的审核与认定方式。当前还没有针对电子教材的审核与认定方式，一些电子教材被作为纸质教材的配套学习资源而呈现，出版社期望开发的电子教材能够得到教育部门相关机构的认可。

部分出版社的态度摘录如下：

"外研社如今的策略是，一方面，等待一款功能强大的产品问世；另一方面，不断做足内功，完善自己的数字产品内容，为以后外研社数字产品发展打下基础。"

——外语教学与研究出版社

"我们认为电子教材还是以资源嵌入式为主，形式上以纸质教材为模板，内容上嵌入多种资源，资源可以打开使用。电子教材设计需要考虑两点：一是要和纸质教材内容结合；二是要有富媒体的资源作支撑。"

——北京师范大学出版社

5.1.6 教育管理部门的需求及期望

通过对教育管理部门相关人员进行访谈，发现存在如下需求及期望。

(1)构建公共服务体系非常重要。教育部门相关领导认为，电子教材要在课堂内外发挥作用，仅仅关注硬件设备和教材内容是不够的，需要构建支撑电子教材在学校和家庭使用的公共服务体系，包括网络带宽、覆盖面、学习平台、教室装备等服务体系。

(2)教材内容组织比终端设备更重要。手持式学习终端设备是电子教材的最佳载体，但是影响电子教材应用效果的关键因素是教材内容的设计和组织。

(3)技术设备的有效使用是保障。利用信息技术变革传统课堂并没有发挥技术应有的作用，而电子教材要真正变革学与教的方式，如何有效使用技术设备变得非常重要。

(4)学与教方式的变革是根本。电子教材引入课堂内外，对传统纸质教材的学与教方式带来很大的影响，基于电子教材的教学设计、课堂管理、学习习惯、学习活动等方面的变革变得尤为重要。

(5)学习支持服务是助推器。只有良好的学习支持服务才能保证电子教材的持续使用，推动电子教材的应用不断深入。

相关人员访谈节选如下：

其实电子书包应该是和学生相关的，学习过程中可能会用到的工具或是相应的资源，比如说我们做实验要用到的一些工具，而这些工具是一些电子设备，提供这样的一种环境。可能有些人理解电子书包就是简单的书本，或者与书本配套的东西。

如果只是做电子教材我觉得还是相对比较简单的，就是把纸质的东西电子化了，把与教材相配套的东西提供出来。比如说英语，我们现在有书本，有课程之外的视频、交互的多媒体材料。电子教材其实应该把原来的那套东西打破了，不光是电子化，把原来书本和教辅的东西整合在一起，提供一种环境，不光是提供一本电子书，还应该配套终端的，一整套的解决方案。其实现在的电子教材最大的问题在终端，终端的不成熟。用电脑也好，手机也好，其实形式无所谓，最重要的是它要很方便，想查什么都可以查，想学什么都可以学，最关键在这儿。终端可能阻碍了电子教材的应用。现在平板电脑或是一些小型的终端也能支持，比如说苹果的平台、Linux 的平台、微软的平台、Mobile Phone 等，也可以支持，关键是提供学生信息化的学习环境是什么样的。

其实最关键的东西不在于设备，在于整个的服务体系和内容。手机也是可以作为终端设备的。其实对孩子来说，他要学习的东西是他关注的内容，还有就是学生的学习时间很多是在他闲暇的时候，闲暇的时候最方便的东西就是很小的设备。比如说我是学生，我从家出来，我要坐公交车，我这一路可以有好多学习机会，只要有学习环境，我肯定就可以学。比如可以在校车上放一些学习内容。如果坐公交车，我有个手机作为小终端，可以听英语，或者可以听听学校或是班主任给我提供的学习内容，这也是一种无所不在的学习的提供方式。所以，最关键在于环境，不在于学生手里是一个什么样的终端，在于学生从睡醒以后到上课，上课完了以后再回家，在整个过程当中提供的是怎样的环境。这个是最关键的，不光是教育系统提供给学生的，还有就是社会提供的一种环境，这东西就需要咱们政府、家庭还有社会三方面共同努力，来打造一个这样的环境。

政府方面，可能会涉及教委、基教处、信息中心这些机构，因为在学校里面学校提供的东西会比较多，还有就是社会也提供一些资源。

——北京市东城区教委

5.1.7 电子教材商业出版公司的需求及期望

通过与电子教材商业出版公司人员进行访谈，发现存在如下需求及期望。

(1)技术难点。电子教材商业出版公司在开发互动式智能化的电子教材过程中也面临一些技术难题，在知识库和人机交互技术方面还存在相当多的难题需要攻克。

(2)功能和普及范围。电子教材商业出版公司目前开发的电子教材主要面向辅导学生课下自主学习，或者为教师备课提供参考，价格比较高，需要额外支付电子教材成本，还不适合教师和学生大面积使用。

(3)市场发展。电子教材商业出版公司认为电子教材具有很大的市场，对电子教材产品的推广和普及充满信心。

(4)运营方式。目前电子教材主要是作为学校信息化课堂解决方案的一部分，部分网络教材运营通过项目或课题绑定的方式向学生销售。支持电子教材的终端设备并没有限制，多数为笔记本电脑和台式机。

部分观点摘录：

"我们的'电子书包'主要是针对学生的教辅类数字内容，包括从小学到高中的教辅图书。电子书现在发展还不成熟。电子书阅读器取代课本真正走进课堂，恐怕还有很长的路要走。单就技术层面，就有彩色化、记笔记、价格成本、功耗等难关要过。此外，教育内容是否有效衔接、教育体制如何相应改革、电子课本如何收费、版权问题如何解决、新华书店体系如何安置、教学模式如何改变等都是摆在面前的难题。"

——汉王科技电纸书事业部

"我们的电子教材主要是提供给教师使用，注重电子教材内容与电子白板之间的交互。当然他们也有基于云服务模式的电子教材支持平台。"

——明博教育科技有限公司

5.2 电子教材应用需求及态度的问卷调查分析

为了能够获取更多目标用户对电子教材在基础教育教学中应用的态度，论证电子教材在教学中应用的可行性，笔者通过多次研究形成了《基础教育电子教材应用的可行性调查研究问卷》（以下简称《调查问卷》）。通过问卷，具体了解基础教育领域的教师和学生对电子教材的认识、使用需求、期望和态度等，具体包括 13 道客观题（其中有 8 道单选题和 5 道多选题）和 1 道主观题。

5.2.1 问卷调查设计与实施

《调查问卷》自 2011 年 5 月上线以后，来自全国各地的网友积极参加调查。既有教师、学生，也有家长和其他人群；既有来自县城和城市的人群，也有来自农村、乡镇的人群；既有经济收入相对较低的人群，也有经济收入相对较高的人群。被调查对象群体的多样性为问卷调查的可信度提供了保证。

经过 1 个月的公开调查，笔者共收集到来自全国 24 个省、市、自治区的 627 份数据。鉴于客观条件限制，笔者主要采集了北京市和浙江省的数据。相对来说，北京市和浙江省的经济比较发达，科教文化氛围相对浓厚，创新意识强，更有利于电子教材的推广。因此，以北京市和浙江省基础教育领域的教师和学生作为主要信息采集对象，既具有了解电子教材需求的代表性，也具有推广电子教材的前瞻性。

笔者认真分析了调查对象的人群构成，结合本研究的研究目的，选取了来自教师和学生群体的数据。经过仔细筛选，排除漏填、误填和回答不认真的数据，获得了 544 份有效数据，其中教师数据 144 份，学生数据 400 份。教师和学生的分布情况分别如表 5-1 和表 5-2 所示。

表 5-1 教师群体的信息情况（$N=144$）

项目	分项	人数
所在地区	浙江	76
	福建	13
	广东	9
	辽宁	6
	湖北	5
	江西	5
	北京	5
	其他省市自治区	25
性别	男	72
	女	72
学校所在地区类型	城市	53
	县城	31
	乡镇	48
	农村	12
教龄	1～3 年	28
	4～6 年	12
	7～9 年	18
	10～12 年	27
	13～15 年	20
	16 年以上	31
	其他	8
当前任教学科	语文	21
	数学	19
	英语	9
	信息技术	50
	品德与生活（社会）	1

续表

项目	分项	人数
当前任教学科	科学	8
	艺术（美术和音乐）	6
	地理	3
	生物	2
	化学	4
	物理	4
	历史	3
	政治	1
	体育	5
	校本课程	0
	其他	8
目前年收入	暂时还无收入	1
	1 万以下	10
	1 万～3 万	25
	3 万～5 万	25
	5 万～8 万	42
	8 万～15 万	38
	15 万～30 万	2
	30 万～100 万	1
	100 万以上	0
使用电脑的年限范围	从未使用过	0
	1～3 年	7
	4～6 年	26
	7～9 年	35
	10 年以上	75
	其他	1

续表

项目	分项	人数
	小学一年级	5
	小学二年级	1
	小学三年级	4
	小学四年级	5
	小学五年级	12
	小学六年级	8
当前所在年级	初中一年级	32
	初中二年级	29
	初中三年级	15
	高中一年级	9
	高中二年级	5
	高中三年级	13
	其他	6

表 5-2 学生群体的信息情况($N=400$)

项目	分项	人数
	浙江	303
所在地区	北京	93
	其他省市自治区	4
性别	男	212
	女	188
	城市	98
学校所在地区类型	县城	7
	乡镇	276
	农村	19

项目	分项	人数
目前家庭年收入	暂时还无收入	22
	1 万以下	15
	1 万～3 万	42
	3 万～5 万	85
	5 万～8 万	103
	8 万～15 万	80
	15 万～30 万	33
	30 万～100 万	14
	100 万以上	2
	其他	4
使用电脑的年限范围	从未使用过	29
	1～3 年	174
	4～6 年	134
	7～9 年	39
	10 年以上	18
	其他	6
当前所在年级	小学一年级	1
	小学二年级	1
	小学三年级	1
	小学四年级	0
	小学五年级	1
	小学六年级	1
	初中一年级	349
	初中二年级	43
	初中三年级	0
	高中一年级	2
	高中二年级	0
	高中三年级	1

5.2.2 电子教材应用可行性及方式的态度

对于中小学推广电子教材应用的可行性，教师和学生的选择情况如表 5-3 所示。

表 5-3 在中小学推广电子教材应用可行性的调查结果

选项	教师（$N=144$）	学生（$N=400$）
不可行	17	12
可行	55	321
将来可行	20	21
不要操之过急，要一步步进行	52	46

基于表 5-3 中的数据，分别对教师和学生的选择进行卡方检验，结果显示，对教师而言，$\chi^2 = 34.28$，$df = 3$，$p < 0.001$，表明教师所做出的选择是有差异的，教师认为推广电子教材应用具有可行性，但是其推广需要一步步进行。对学生而言，$\chi^2 = 657.42$，$df = 3$，$p < 0.001$，表明学生所做出的选择是有差异的，学生认为推广电子教材应用绝对可行。

而对于现阶段如何开展试验研究，教师和学生的选择情况如表 5-4 所示。

表 5-4 现阶段电子教材试验研究方式的调查结果（多项选择调查结果）

选项	教师（$N=144$）	学生（$N=400$）
电子教材与纸质教材并存，同时使用	91	147
全部使用电子教材，代替纸质教材	6	88
以纸质教材为主，电子教材为辅	74	94
以电子教材为主，纸质教材为辅	21	152

可以看出，教师同意电子教材和纸质教材同时使用，但还是要以纸质教材为主。而学生也同意电子教材和纸质教材同时使用，但倾向于以

电子教材为主。

5.2.3　电子教材阅读设备的需求

1. 电子教材阅读设备的价格

对电子教材阅读设备的价格期望，教师和学生的选择情况如表 5-5 所示。

表 5-5　电子教材阅读设备价格期望的调查结果

选项	教师($N=144$)	学生($N=400$)
1 000 元以内	92	118
1 000～2 000 元	33	131
2 000～3 000 元	13	85
3 000～4 000 元	2	21
高于 4 000 元	1	36
其他	3	9

基于表 5-5 中的数据，分别对教师和学生的选择进行卡方检验，结果显示，对教师而言，$\chi^2=261.67$，$df=5$，$p<0.001$，表明教师所做出的选择是有差异的，教师认为电子教材阅读设备的价格不宜太高，应该控制在 1 000 元以内。对学生而言，$\chi^2=201.92$，$df=5$，$p<0.001$，表明学生所做出的选择是有差异的，学生也倾向于电子教材阅读设备低价，在 2 000 元以内大多可以接受。

2. 电子教材阅读设备的质量

对电子教材阅读设备的质量，教师和学生的选择情况如表 5-6 所示。

表 5-6　电子教材阅读设备质量要求的调查结果

选项	教师($N=144$)	学生($N=400$)
500 克以内	69	109
500～1 000 克之间	61	195

续表

选项	教师（$N=144$）	学生（$N=400$）
1 000～1 500 克之间	9	54
1 500～2 000 克之间	2	10
2 000 克以上	0	17
其他	3	15

基于表 5-6 中的数据，分别对教师和学生的选择进行卡方检验，结果显示，对教师而言，$\chi^2=153.78$，$df=5$，$p<0.001$，表明教师所做出的选择是有差异的，教师认为电子教材阅读设备的质量不宜太大，应控制在 1 000 克之内。对学生而言，$\chi^2=401.54$，$df=5$，$p<0.001$，表明学生所做出的选择是有差异的，学生也倾向于电子教材阅读设备质量小，最好控制在 1 000 克之内。

3. 电子教材阅读设备的尺寸

对电子教材阅读设备的尺寸，教师和学生的选择情况如表 5-7 所示。

表 5-7 电子教材阅读设备尺寸大小的调查结果

选项	教师（$N=144$）	学生（$N=400$）
1～4 英寸	9	36
4～6 英寸	28	122
6～8 英寸	32	116
8～10 英寸	45	51
10～13 英寸	18	25
大于 13 英寸	11	35
其他	1	15

基于表 5-7 中的数据，分别对教师和学生的选择进行卡方检验，结果显示，对教师而言，$\chi^2=67.94$，$df=6$，$p<0.001$，表明教师所做出的选择是有差异的，教师认为电子教材阅读设备的尺寸要适中，应以 8

英寸左右为宜。对学生而言，$\chi^2 = 401.54$，$df = 5$，$p < 0.001$，表明学生所做出的选择是有差异的，学生倾向于电子教材阅读设备尺寸更小，以 6 英寸上下为宜。

4. 电子教材阅读设备的购买主体

对电子教材阅读设备的购买主体，教师和学生的选择情况如表 5-8 所示。

表 5-8 电子教材阅读设备购买主体的调查结果（多项选择调查结果）

选项	教师（$N = 144$）	学生（$N = 400$）
政府部门	105	288
家长	14	47
学校	28	83
出版社	6	14
硬件设备厂商	7	15
以上几方协商购买	34	31

可以发现，无论是教师还是学生，都倾向于政府部门为基础教育购买电子教材阅读设备。

5. 电子教材阅读设备电池的续航时间

对电子教材阅读设备电池的续航时间，教师和学生的选择情况如表 5-9 所示。

表 5-9 电子教材阅读设备有效续航时间的调查结果

选项	教师（$N = 144$）	学生（$N = 400$）
1～3 小时	15	79
4～6 小时	49	105
7～9 小时	30	51
10 小时以上	48	142
其他	2	23

基于表 5-9 中的数据，分别对教师和学生的选择进行卡方检验，结果显示，对教师而言，$\chi^2 = 58.57$，$df = 4$，$p < 0.001$，表明教师所做出的选择是有差异的，教师认为电子教材阅读设备的电池保持时间至少应在 4 小时之上。对学生而言，$\chi^2 = 107.00$，$df = 4$，$p < 0.001$，表明学生所做出的选择是有差异的，更多学生认为电池要保持在 10 小时以上。

5.2.4　电子教材的功能特征需求

针对电子教材的功能特征，笔者要求参与调查的教师和学生对电子教材的功能特征描述进行等级评价，具体结果如下。

1. 电子教材阅读设备应即开即用

教师和学生对电子教材阅读设备应即开即用的态度如表 5-10 所示。

表 5-10　教师和学生对电子教材阅读设备应即开即用的态度

选项	教师（$N = 144$）	学生（$N = 400$）
很符合	69	162
符合	37	121
一般	18	87
不符合	3	3
很不符合	0	1
其他	17	26

基于表 5-10 中的数据，分别对教师和学生的等级评定进行卡方检验，结果显示，对教师而言，$\chi^2 = 90.44$，$df = 5$，$p < 0.001$，表明教师所做出的等级评定是有差异的，教师认为电子教材阅读设备应即开即用。对学生而言，$\chi^2 = 337.10$，$df = 5$，$p < 0.001$，表明学生所做出的等级评定是有差异的，学生倾向于电子教材阅读设备应即开即用。

2. 电子教材阅读设备可与其他设备同步

教师和学生对电子教材阅读设备可与其他设备同步的态度如表 5-11

所示。

表 5-11　教师和学生对电子教材阅读设备可与其他设备同步的态度

选项	教师（$N=144$）	学生（$N=400$）
很符合	61	159
符合	54	144
一般	14	55
不符合	1	5
很不符合	0	1
其他	14	36

基于表 5-11 中的数据，分别对教师和学生的等级评定进行卡方检验，结果显示，对教师而言，$\chi^2=100.10$，$df=5$，$p<0.001$，表明教师所做出的等级评定是有差异的，教师认为电子教材阅读设备可与其他设备同步。对学生而言，$\chi^2=355.46$，$df=5$，$p<0.001$，表明学生所做出的等级评定是有差异的，学生倾向于电子教材阅读设备可与其他设备同步。

3. 电子教材应具有与纸质教材相同呈现形态

教师和学生对电子教材应具有与纸质教材相同呈现形态如表 5-12 所示。

表 5-12　教师和学生对电子教材与纸质教材相同呈现形态的态度

选项	教师（$N=144$）	学生（$N=400$）
很符合	35	134
符合	55	120
一般	22	91
不符合	10	13
很不符合	5	3
其他	17	39

基于表 5-12 中的数据，分别对教师和学生的等级评定进行卡方检验，结果显示，对教师而言，$\chi^2 = 70.50$，$df = 5$，$p < 0.001$，表明教师所做出的等级评定是有差异的，教师认为电子教材应具有与纸质教材相同呈现形态。对学生而言，$\chi^2 = 235.04$，$df = 5$，$p < 0.001$，表明学生所做出的等级评定是有差异的，学生倾向于电子教材应具有与纸质教材相同呈现形态。

4. 电子教材应支持随文笔记

教师和学生对电子教材应满足使用者在课文中随时做笔记的态度如表 5-13 所示。

表 5-13　教师和学生对电子教材应满足使用者在课文中随时做笔记的态度

选项	教师（$N=144$）	学生（$N=400$）
很符合	58	173
符合	54	114
一般	11	62
不符合	5	5
很不符合	0	7
其他	16	39

基于表 5-13 中的数据，分别对教师和学生的等级评定进行卡方检验，结果显示，对教师而言，$\chi^2 = 88.01$，$df = 5$，$p < 0.001$，表明教师所做出的等级评定是有差异的，教师认为电子教材应满足使用者在课文中随时做笔记。对学生而言，$\chi^2 = 325.46$，$df = 5$，$p < 0.001$，表明学生所做出的等级评定是有差异的，学生倾向于电子教材应满足使用者在课文中随时做笔记。

5. 电子教材内容应保证安全性

教师和学生对电子教材内容在任何时候不可被任意篡改的态度如表 5-14 所示。

表 5-14　教师和学生对电子教材内容在任何时候不可被任意篡改的态度

选项	教师($N=144$)	学生($N=400$)
很符合	32	133
符合	40	110
一般	28	75
不符合	17	31
很不符合	5	6
其他	22	45

基于表 5-14 中的数据，分别对教师和学生的等级评定进行卡方检验，结果显示，对教师而言，$\chi^2=31.25$，$df=5$，$p<0.001$，表明教师所做出的等级评定是有差异的，教师认为电子教材内容在任何时候不可被任意篡改。对学生而言，$\chi^2=176.54$，$df=5$，$p<0.001$，表明学生所做出的等级评定是有差异的，学生倾向于电子教材内容在任何时候不可被任意篡改。

6. 电子教材应支持多种媒体(如图片、视频、音频等)形式

教师和学生对电子教材应支持多种媒体形式的态度如表 5-15 所示。

表 5-15　教师和学生对电子教材应支持多种媒体形式的态度

选项	教师($N=144$)	学生($N=400$)
很符合	83	214
符合	38	99
一般	6	41
不符合	1	1
很不符合	0	2
其他	16	43

基于表 5-15 中的数据，分别对教师和学生的等级评定进行卡方检验，结果显示，对教师而言，$\chi^2=155.51$，$df=5$，$p<0.001$，表明教师所做出的等级评定是有差异的，教师认为电子教材应支持多种媒体形

式。对学生而言，$\chi^2 = 486.78$，$df = 5$，$p < 0.001$，表明学生所做出的等级评定是有差异的，学生倾向于电子教材应支持多种媒体形式。

7. 电子教材内容应及时更新

教师和学生对电子教材内容应及时更新的态度如表 5-16 所示。

表 5-16　师生对电子教材内容应及时更新的态度

选项	教师（$N = 144$）	学生（$N = 400$）
很符合	87	212
符合	34	97
一般	8	41
不符合	1	0
很不符合	0	2
其他	14	48

基于表 5-16 中的数据，分别对教师和学生的等级评定进行卡方检验，结果显示，对教师而言，$\chi^2 = 168.01$，$df = 5$，$p < 0.001$，表明教师所做出的等级评定是有差异的，教师认为电子教材内容应及时更新。对学生而言，$\chi^2 = 329.28$，$df = 5$，$p < 0.001$，表明学生所做出的等级评定是有差异的，学生倾向于电子教材内容应及时更新。

8. 电子教材的使用依赖足够的带宽支持

教师和学生对电子教材的使用依赖足够的带宽支持的态度如表 5-17 所示。

表 5-17　师生对电子教材的使用依赖足够的带宽支持的态度

选项	教师（$N = 144$）	学生（$N = 400$）
很符合	54	197
符合	42	97
一般	25	47
不符合	4	9
很不符合	2	6
其他	17	44

基于表 5-17 中的数据，分别对教师和学生的等级评定进行卡方检验，结果显示，对教师而言，$\chi^2 = 86.92$，$df = 5$，$p < 0.001$，表明教师所做出的等级评定是有差异的，教师认为电子教材的使用依赖足够的带宽支持。对学生而言，$\chi^2 = 387.20$，$df = 5$，$p < 0.001$，表明学生所做出的等级评定是有差异的，学生倾向于电子教材的使用依赖足够的带宽支持。

9. 电子教材应支持学生作业管理

教师和学生对电子教材应支持学生作业管理的态度如表 5-18 所示。

表 5-18　师生对电子教材应支持学生作业管理的态度

选项	教师（$N = 144$）	学生（$N = 400$）
很符合	67	171
符合	48	117
一般	10	58
不符合	3	8
很不符合	0	4
其他	16	42

基于表 5-18 中的数据，分别对教师和学生的等级评定进行卡方检验，结果显示，对教师而言，$\chi^2 = 104.54$，$df = 5$，$p < 0.001$，表明教师所做出的等级评定是有差异的，教师认为电子教材应支持学生作业管理。对学生而言，$\chi^2 = 322.07$，$df = 5$，$p < 0.001$，表明学生所做出的等级评定是有差异的，学生倾向于电子教材应支持学生作业管理。

10. 电子教材客观作业题应可实现及时自动反馈

教师和学生对电子教材客观作业题可实现及时自动反馈的态度如表 5-19 所示。

表 5-19　教师和学生对电子教材客观作业题可实现及时自动反馈的态度

选项	教师($N=144$)	学生($N=400$)
很符合	70	159
符合	43	131
一般	10	54
不符合	2	4
很不符合	0	5
其他	19	47

基于表 5-19 中的数据，分别对教师和学生的等级评定进行卡方检验，结果显示，对教师而言，$\chi^2=106.49$，$df=5$，$p<0.001$，表明教师所做出的等级评定是有差异的，教师认为电子教材客观作业题可实现及时自动反馈。对学生而言，$\chi^2=314.12$，$df=5$，$p<0.001$，表明学生所做出的等级评定是有差异的，学生倾向于电子教材客观作业题可实现及时自动反馈。

11. 访问电子教材的网络途径应有安全保障

教师和学生对访问电子教材的网络途径应有安全保障的态度如表 5-20 所示。

表 5-20　教师和学生对访问电子教材的网络途径应有安全保障的态度

选项	教师($N=144$)	学生($N=400$)
很符合	81	223
符合	35	93
一般	9	32
不符合	2	3
很不符合	0	2
其他	17	47

　　基于表 5-20 中的数据，分别对教师和学生的等级评定进行卡方检验，结果显示，对教师而言，$\chi^2 = 139.33$，$df = 5$，$p < 0.001$，表明教师所做出的等级评定是有差异的，教师认为访问电子教材的网络途径应有安全保障。对学生而言，$\chi^2 = 524.36$，$df = 5$，$p < 0.001$，表明学生所做出的等级评定是有差异的，学生倾向于访问电子教材的网络途径应有安全保障。

5.2.5　电子教材应用学科及年级需求

1. 最适合使用电子教材的学科

　　对最适合使用电子教材的学科，教师和学生的选择情况如表 5-21 所示。

表 5-21　最适合使用电子教材的学科调查结果（多项选择调查结果）

选项	教师（$N = 144$）	学生（$N = 400$）
语文	75	145
数学	39	119
英语	84	148
信息技术	85	275
品德与生活（社会）	51	131
科学	59	91
艺术（美术和音乐）	88	280
地理	34	78
生物	32	83
化学	37	75
物理	45	86
历史	56	87

选项	教师（$N=144$）	学生（$N=400$）
政治	29	69
体育	13	51
校本课程	35	59
其他	23	59

可以看出，教师和学生对推广电子教材科目的优先顺序没有异议，二者均认为电子教材最适合于艺术（美术和音乐）、信息技术、英语、语文、数学等。

2. 最适合优先开展电子教材探索性实验的年级

对最适合优先开展电子教材探索性实验的年级，教师和学生的选择情况如表 5-22 所示。

表 5-22　最适合优先开展电子教材探索性实验的年级调查结果（多项选择调查结果）

选项	教师（$N=144$）	学生（$N=400$）
小学一年级	17	23
小学二年级	4	13
小学三年级	36	90
小学四年级	39	100
小学五年级	24	97
小学六年级	24	51
初中一年级	47	115
初中二年级	29	51
初中三年级	10	47
高中一年级	18	39

选项	教师（$N=144$）	学生（$N=400$）
高中二年级	9	32
高中三年级	6	30

可以看出，教师和学生均认为电子教材探索性实验适宜在基础教育阶段的中高学段或初中一年级展开，即小学三年级、四年级或初中一年级。

5.2.6　电子教材使用时间的态度

1. 每天愿意尝试使用电子教材的课时数

对每天愿意尝试使用电子教材的课时数，教师和学生的选择情况如表 5-23 所示。

表 5-23　电子教材使用课时数的调查结果

选项	教师（$N=144$）	学生（$N=400$）
1～2 节	86	193
3～4 节	46	129
5～6 节	6	25
7～8 节	2	7
9～10 节	2	39
其他	2	7

基于表 5-23 中的数据，分别对教师和学生的选择进行卡方检验，结果显示，对教师而言，$\chi^2=254.33$，$df=5$，$p<0.001$，表明教师所做出的选择是有差异的，教师认为电子教材教学使用的课时数的时间不宜太多，以 1～2 节为主。对学生而言，$\chi^2=442.01$，$df=5$，$p<0.001$，表明学生所做出的选择是有差异的，学生认为电子教材使用的课时数的

时间也不宜太多，以 1～2 节为主，兼顾 3～4 节。

2. 每天愿意尝试使用电子教材的时间

对每天愿意尝试使用电子教材的时间，教师和学生的选择情况如表 5-24 所示。

表 5-24　电子教材使用时间的调查结果

选项	教师（$N=144$）	学生（$N=400$）
1 小时以内	54	92
2～3 小时	73	211
4～5 小时	14	49
6～7 小时	0	11
7 小时以上	1	27
其他	2	10

基于表 5-24 中的数据，分别对教师和学生的选择进行卡方检验，结果显示，对教师而言，$\chi^2 = 149.26$，$df = 5$，$p < 0.001$，表明教师所做出的选择是有差异的，教师认为电子教材使用的时间应控制在 2～3 小时为宜，兼顾 1 小时之内。对学生而言，$\chi^2 = 445.04$，$df = 5$，$p < 0.001$，表明学生所做出的选择是有差异的，学生认为电子教材使用的时间应控制在 2～3 小时为宜。

5.2.7　电子教材应用优势的态度

针对电子教材的应用优势，笔者要求参与调查的教师和学生对电子教材的优势描述进行等级评价，具体结果如下。

1. 提高学生学习兴趣

教师和学生对使用电子教材有利于提高学生学习兴趣的态度如表 5-25 所示。

表 5-25　教师和学生对使用电子教材有利于提高学生学习兴趣的态度

选项	教师($N=144$)	学生($N=400$)
很符合	58	187
符合	41	103
一般	23	57
不符合	2	2
很不符合	1	3
其他	19	48

基于表 5-25 中的数据，分别对教师和学生的等级评定进行卡方检验，结果显示，对教师而言，$\chi^2=103.50$，$df=5$，$p<0.001$，表明教师所做出的等级评定是有差异的，教师认为使用电子教材有利于提高学生学习兴趣。对学生而言，$\chi^2=367.16$，$df=5$，$p<0.001$，表明学生所做出的等级评定是有差异的，学生倾向于使用电子教材有利于提高学生学习兴趣。

2. 减轻学生书包质量

教师和学生对使用电子教材能减轻学生书包质量的态度如表 5-26 所示。

表 5-26　教师和学生对使用电子教材能减轻学生书包质量的态度

选项	教师($N=144$)	学生($N=400$)
很符合	53	196
符合	39	101
一般	23	51
不符合	7	4
很不符合	1	1
其他	21	47

基于表 5-26 中的数据，分别对教师和学生的等级评定进行卡方检验，结果显示，对教师而言，$\chi^2 = 78.92$，$df = 5$，$p < 0.001$，表明教师所做出的等级评定是有差异的，教师认为使用电子教材能减轻学生书包质量。对学生而言，$\chi^2 = 401.66$，$df = 5$，$p < 0.001$，表明学生所做出的等级评定是有差异的，学生倾向于使用电子教材能减轻学生书包质量。

3. 提高学生信息素养

教师和学生对使用电子教材能提高学生信息素养的态度如表 5-27 所示。

表 5-27　教师和学生对使用电子教材能提高学生信息素养的态度

选项	教师（$N=144$）	学生（$N=400$）
很符合	61	176
符合	41	109
一般	19	57
不符合	3	3
很不符合	1	2
其他	19	53

基于表 5-27 中的数据，分别对教师和学生的等级评定进行卡方检验，结果显示，对教师而言，$\chi^2 = 111.58$，$df = 5$，$p < 0.001$，表明教师所做出的等级评定是有差异的，教师认为使用电子教材能提高学生信息素养。对学生而言，$\chi^2 = 324.48$，$df = 5$，$p < 0.001$，表明学生所做出的等级评定是有差异的，学生倾向于使用电子教材能提高学生信息素养。

4. 支持教育资源共享

教师和学生对使用电子教材有利于教育资源共享的态度如表 5-28 所示。

表 5-28　教师和学生对使用电子教材有利于教育资源共享的态度

选项	教师($N=144$)	学生($N=400$)
很符合	65	192
符合	38	109
一般	16	48
不符合	1	1
很不符合	0	1
其他	24	49

基于表 5-28 中的数据，分别对教师和学生的等级评定进行卡方检验，结果显示，对教师而言，$\chi^2=81.76$，$df=5$，$p<0.001$，表明教师所做出的等级评定是有差异的，教师认为使用电子教材有利于教育资源共享。对学生而言，$\chi^2=401.78$，$df=5$，$p<0.001$，表明学生所做出的等级评定是有差异的，学生倾向于使用电子教材有利于教育资源共享。

5. 支持学生自学能力培养

教师和学生对使用电子教材有利于学生自学能力培养的态度如表 5-29 所示。

表 5-29　教师和学生对使用电子教材有利于学生自学能力培养的态度

选项	教师($N=144$)	学生($N=400$)
很符合	47	184
符合	44	111
一般	27	51
不符合	3	1
很不符合	3	4
其他	20	49

基于表 5-29 中的数据，分别对教师和学生的等级评定进行卡方检验，结果显示，对教师而言，$\chi^2 = 76.50$，$df = 5$，$p < 0.001$，表明教师所做出的等级评定是有差异的，教师认为使用电子教材有利于学生自学能力培养。对学生而言，$\chi^2 = 367.94$，$df = 5$，$p < 0.001$，表明学生所做出的等级评定是有差异的，学生倾向于使用电子教材有利于学生自学能力培养。

6. 支持家校互动

教师和学生对使用电子教材有利于家校互动的态度如表 5-30 所示。

表 5-30　教师和学生对使用电子教材有利于家校互动的态度

选项	教师（$N = 144$）	学生（$N = 400$）
很符合	57	163
符合	49	112
一般	16	64
不符合	3	7
很不符合	0	7
其他	19	47

基于表 5-30 中的数据，分别对教师和学生的等级评定进行卡方检验，结果显示，对教师而言，$\chi^2 = 73.92$，$df = 5$，$p < 0.001$，表明教师所做出的等级评定是有差异的，教师认为使用电子教材有利于家校互动。对学生而言，$\chi^2 = 282.74$，$df = 5$，$p < 0.001$，表明学生所做出的等级评定是有差异的，学生倾向于使用电子教材有利于家校互动。

7. 加速教学资源的更新和推送

教师和学生对使用电子教材能够快速推送和更新教学资源的态度如表 5-31 所示。

表 5-31　教师和学生对使用电子教材能够快速推送和更新教学资源的态度

选项	教师($N=144$)	学生($N=400$)
很符合	56	201
符合	52	103
一般	13	44
不符合	1	1
很不符合	1	2
其他	21	49

基于表 5-31 中的数据,分别对教师和学生的等级评定进行卡方检验,结果显示,对教师而言,$\chi^2 = 124.83$,$df = 5$,$p < 0.001$,表明教师所做出的等级评定是有差异的,教师认为使用电子教材能够快速推送和更新教学资源。对学生而言,$\chi^2 = 430.28$,$df = 5$,$p < 0.001$,表明学生所做出的等级评定是有差异的,学生倾向于使用电子教材能够快速推送和更新教学资源。

5.2.8　电子教材应用面临问题及挑战的态度

针对应用电子教材所面临的问题及挑战,笔者要求参与调查的教师和学生对潜在问题及挑战进行等级评价,具体结果如下。

1. 可能导致学生注意力下降

教师和学生对使用电子教材导致学生注意力下降的态度如表 5-32 所示。

表 5-32　教师和学生对使用电子教材导致学生注意力下降的态度

选项	教师($N=144$)	学生($N=400$)
很符合	27	111

续表

选项	教师（$N=144$）	学生（$N=400$）
符合	39	89
一般	37	98
不符合	17	35
很不符合	1	18
其他	23	49

基于表 5-32 中的数据，分别对教师和学生的等级评定进行卡方检验，结果显示，对教师而言，$\chi^2=40.92$，$df=5$，$p<0.001$，表明教师所做出的等级评定是有差异的，教师认为使用电子教材导致学生注意力下降。对学生而言，$\chi^2=106.94$，$df=5$，$p<0.001$，表明学生所做出的等级评定是有差异的，学生倾向于使用电子教材导致学生注意力下降。

2. 可能降低学生精读能力

教师和学生对使用电子教材会降低学生精读能力的态度如表 5-33 所示。

表 5-33　教师和学生对使用电子教材会降低学生精读能力的态度

选项	教师（$N=144$）	学生（$N=400$）
很符合	34	110
符合	42	83
一般	32	98
不符合	14	41
很不符合	1	19
其他	21	49

基于表 5-33 中的数据，分别对教师和学生的等级评定进行卡方检

验，结果显示，对教师而言，$\chi^2 = 46.92$，$df = 5$，$p < 0.001$，表明教师所做出的等级评定是有差异的，教师认为使用电子教材会降低学生的精读能力。对学生而言，$\chi^2 = 95.54$，$df = 5$，$p < 0.001$，表明学生所做出的等级评定是有差异的，学生倾向于使用电子教材会降低学生的精读能力。

3. 影响学生视力

教师和学生对使用电子教材会对学生视力带来负面影响的态度如表 5-34 所示。

表 5-34　教师和学生对使用电子教材会对学生视力带来负面影响的态度

选项	教师（$N = 144$）	学生（$N = 400$）
很符合	49	131
符合	38	112
一般	34	79
不符合	3	21
很不符合	1	13
其他	19	44

基于表 5-34 中的数据，分别对教师和学生的等级评定进行卡方检验，结果显示，对教师而言，$\chi^2 = 79.83$，$df = 5$，$p < 0.001$，表明教师所做出的等级评定是有差异的，教师认为使用电子教材会对学生视力带来负面影响。对学生而言，$\chi^2 = 177.38$，$df = 5$，$p < 0.001$，表明学生所做出的等级评定是有差异的，学生倾向于使用电子教材会对学生视力带来负面影响。

4. 影响学生脊椎发育

教师和学生对使用电子教材会对学生脊椎发育带来负面影响的态度如表 5-35 所示。

表 5-35　教师和学生对使用电子教材会对学生脊椎发育带来负面影响的态度

选项	教师（$N=144$）	学生（$N=400$）
很符合	37	112
符合	32	108
一般	46	90
不符合	8	25
很不符合	1	14
其他	20	51

　　基于表 5-35 中的数据，分别对教师和学生的等级评定进行卡方检验，结果显示，对教师而言，$\chi^2=63.25$，$df=5$，$p<0.001$，表明教师所做出的等级评定是有差异的，教师认为使用电子教材会对学生脊椎发育带来负面影响。对学生而言，$\chi^2=135.95$，$df=5$，$p<0.001$，表明学生所做出的等级评定是有差异的，学生倾向于使用电子教材会对学生脊椎发育带来负面影响。

5. 降低学生口头语言交流能力

　　教师和学生对使用电子教材会使学生口头语言交流能力下降的态度如表 5-36 所示。

表 5-36　教师和学生对使用电子教材会使学生口头语言交流能力下降的态度

选项	教师（$N=144$）	学生（$N=400$）
很符合	33	106
符合	29	96
一般	39	92
不符合	18	35
很不符合	5	21
其他	20	50

基于表 5-36 中的数据，分别对教师和学生的等级评定进行卡方检验，结果显示，对教师而言，$\chi^2 = 31.00$，$df = 5$，$p < 0.001$，表明教师所做出的等级评定是有差异的，教师认为使用电子教材会使学生的口头语言交流能力下降。对学生而言，$\chi^2 = 96.23$，$df = 5$，$p < 0.001$，表明学生所做出的等级评定是有差异的，学生倾向于使用电子教材会使学生的口头语言交流能力下降。

6. 学生对电子设备产生依赖性

教师和学生对使用电子教材会导致学生对电子设备产生依赖性的态度如表 5-37 所示。

表 5-37　教师和学生对使用电子教材会导致学生对电子设备产生依赖性的态度

选项	教师（$N = 144$）	学生（$N = 400$）
很符合	43	121
符合	50	113
一般	24	84
不符合	9	17
很不符合	0	15
其他	18	50

基于表 5-37 中的数据，分别对教师和学生的等级评定进行卡方检验，结果显示，对教师而言，$\chi^2 = 41.07$，$df = 5$，$p < 0.001$，表明教师所做出的等级评定是有差异的，教师认为使用电子教材会导致学生对电子设备的依赖性。对学生而言，$\chi^2 = 162.20$，$df = 5$，$p < 0.001$，表明学生所做出的等级评定是有差异的，学生倾向于使用电子教材会导致学生对电子设备的依赖性。

7. 学生容易产生网瘾倾向

教师和学生对使用电子教材会导致学生产生网瘾倾向的态度如表 5-

38 所示。

表 5-38　教师和学生对使用电子教材会导致学生产生网瘾倾向的态度

选项	教师（$N=144$）	学生（$N=400$）
很符合	27	115
符合	42	100
一般	34	92
不符合	17	25
很不符合	2	20
其他	22	48

基于表 5-38 中的数据，分别对教师和学生的等级评定进行卡方检验，结果显示，对教师而言，$\chi^2=40.42$，$df=5$，$p<0.001$，表明教师所做出的等级评定是有差异的，教师认为使用电子教材会导致学生产生网瘾倾向。对学生而言，$\chi^2=125.27$，$df=5$，$p<0.001$，表明学生所做出的等级评定是有差异的，学生倾向于使用电子教材会导致学生产生网瘾倾向。

8. 电子阅读难以实现纸质阅读良好的阅读体验

教师和学生对电子阅读难以实现纸质阅读良好体验的态度如表 5-39 所示。

表 5-39　教师和学生对电子阅读难以实现纸质阅读良好体验的态度

选项	教师（$N=144$）	学生（$N=400$）
很符合	34	115
符合	41	107
一般	37	83
不符合	9	27

续表

选项	教师($N=144$)	学生($N=400$)
很不符合	1	19
其他	22	49

基于表 5-39 中的数据，分别对教师和学生的等级评定进行卡方检验，结果显示，对教师而言，$\chi^2=54.83$，$df=5$，$p<0.001$，表明教师所做出的等级评定是有差异的，教师认为电子阅读难以实现纸质阅读的良好体验。对学生而言，$\chi^2=125.81$，$df=5$，$p<0.001$，表明学生所做出的等级评定是有差异的，学生倾向于电子阅读难以实现纸质阅读的良好体验。

9. 不利于课堂管理

教师和学生对使用电子教材不利于课堂管理的态度如表 5-40 所示。

表 5-40　教师和学生对使用电子教材不利于课堂管理的态度

选项	教师($N=144$)	学生($N=400$)
很符合	24	107
符合	33	83
一般	40	95
不符合	21	41
很不符合	4	23
其他	22	51

基于表 5-40 中的数据，分别对教师和学生的等级评定进行卡方检验，结果显示，对教师而言，$\chi^2=31.25$，$df=5$，$p<0.001$，表明教师所做出的等级评定是有差异的，教师认为使用电子教材不利于课堂管理。对学生而言，$\chi^2=82.61$，$df=5$，$p<0.001$，表明学生所做出的等级评

定是有差异的，学生倾向于使用电子教材不利于课堂管理。

10. 电子教材阅读设备可能不太稳定

教师和学生对担心电子阅读设备在使用过程中突然死机的态度如表 5-41 所示。

表 5-41　教师和学生对担心电子阅读设备在使用过程中突然死机的态度

选项	教师（$N=144$）	学生（$N=400$）
很符合	33	140
符合	49	94
一般	33	78
不符合	8	17
很不符合	0	18
其他	21	53

基于表 5-41 中的数据，分别对教师和学生的等级评定进行卡方检验，结果显示，对教师而言，$\chi^2=32.53$，$df=5$，$p<0.001$，表明教师所做出的等级评定是有差异的，教师认为担心电子阅读设备在使用过程中突然死机。对学生而言，$\chi^2=169.13$，$df=5$，$p<0.001$，表明学生所做出的等级评定是有差异的，学生倾向于担心电子阅读设备在使用过程中突然死机。

11. 学生写字能力可能会下降

教师和学生对长时间使用电子教材会使学生写字能力下降的态度如表 5-42 所示。

表 5-42　教师和学生对长时间使用电子教材会使学生写字能力下降的态度

选项	教师（$N=144$）	学生（$N=400$）
很符合	43	118

续表

选项	教师($N=144$)	学生($N=400$)
符合	52	113
一般	27	78
不符合	3	27
很不符合	1	17
其他	18	47

基于表 5-42 中的数据，分别对教师和学生的等级评定进行卡方检验，结果显示，对教师而言，$\chi^2=90.00$，$df=5$，$p<0.001$，表明教师所做出的等级评定是有差异的，教师认为长时间使用电子教材会使学生写字能力下降。对学生而言，$\chi^2=140.06$，$df=5$，$p<0.001$，表明学生所做出的等级评定是有差异的，学生倾向于长时间使用电子教材会使学生写字能力下降。

5.2.9　电子教材应用保障措施的态度

关于学校及教育部门应采取的保障措施，教师和学生的选择如表 5-43 所示。

表 5-43　学校及教育部门在中小学使用电子教材时应采取的保障措施(多项选择调查结果)

选项	教师($N=144$)	学生($N=400$)
降低电子教材的价格	121	222
监督厂商考虑电子教材阅读设备的实用性与售后服务	105	226
督促厂商选择合适的电子教材阅读设备尺寸大小与画面稳定性，以保护学生的视力	113	278
建设数字校园和购买支持电子教材的相关设备	96	179

选项	教师（$N=144$）	学生（$N=400$）
针对教师举办电子教材相关知识技能的系列培训	111	172
积极探索基于电子教材的教学模式	105	181

可以看出，在中小学使用电子教材时，无论是教师还是学生，都对学校及教育部门应采取的保障措施给予了期望。教师主要关心电子教材降价问题、学生视力保护问题和相关操作技能培训问题。而学生重点关心自己视力问题、产品售后服务和产品降价问题。

5.2.10 问卷调查小结

综合各项问题的调查结果，笔者得出以下有价值的结论。

(1)无论对于教师还是学生，电子教材都具有很强的吸引力。因此，在基础教育领域推行电子教材具有巨大的群体需求。对于教师而言，讲求纸质教材和电子教材的平衡，强调以纸质教材为主，逐步推行电子教材；而学生则对电子教材的引入充满渴望，希望目前以纸质教材为主的教材使用状况得以改观，形成以电子教材为主的局面。

(2)教师和学生都对电子教材所存在的利弊有着较为清晰的认识。既认识到电子教材便捷、高效、网络化等优点，也对其影响学生视力和注意力等弊端有所警惕。因此，基础教育领域，无论是教师还是学生都能够较为理性地看待教材的改革，这为将来电子教材的推广提供了较为深厚的基础。

(3)对于使用电子教材的范围，教师和学生认识较为一致：涉及学科主要是艺术(美术和音乐)、信息技术、英语、语文、数学等。电子教材的受众主要针对基础教育小学中高学段或初中一年级的学生，值得一提的是，教师对这个界定有足够的说服力。

(4)对于电子教材的硬件指标，受众意见基本一致：价钱不宜过高，控制在 2 000 元以内；质量在 1 000 克以下；尺寸在 7 英寸左右（教师倾向于 8 英寸上下，学生倾向于 6 英寸上下）；设备的电池需要持久耐用，能够长时间工作，持续工作时间要在 10 小时左右。

(5)对于电子教材的功能特征需求，教师和学生认识较为一致：期望电子教材阅读设备支持即开即用，并可与其他阅读设备同步。此外，教师和学生对电子教材呈现形态、内容安全、随文笔记、作业支持、多媒体属性等方面都提出了要求，期望能够结合日常教学应用情境开发出高质量的电子教材。

(6)对于电子教材的使用时间，教师和学生态度基本一致：即课时数为 1～2 节，而使用的时间为 2～3 小时。这样既能够保障电子教材正面作用的发挥，同时也能够通过变相约束，防止因电子教材产生负面效应，比如网络成瘾等问题。

(7)对于电子教材的购买问题，教师和学生都希望由政府部门出资购买。

总之，经过问卷调查分析，可以看出：电子教材在基础教育领域推广应用具有较高的可行性，基础教育呼唤高质量的电子教材。当然，对于教师和学生提到的一些问题和挑战，相关部门必须要设置预案，未雨绸缪。

5.3　电子教材应用推广亟须解决的问题

通过对电子教材国内外应用现状及调查研究，笔者认为电子教材在基础教育领域推广和应用上面临 8 个主要问题（如图 5-2 所示）。

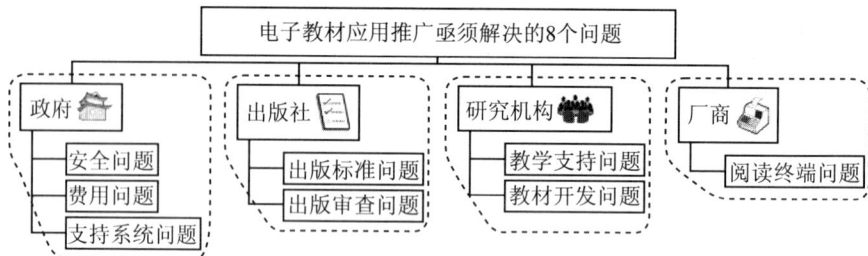

图 5-2　电子教材应用推广亟须解决的 8 个问题

第一，从政府层面来看，主要需要解决安全问题、费用问题和支持系统问题。

(1)安全问题。包括电子教材相关数据的安全和电子教材版权保护。

(2)费用问题。目前基础教育教科书的使用成本主要由国家承担，而实施电子教材必然会产生多余费用。国家、企业、学生三方如何分担这些费用，采用何种运营模式，电子教材如何定价(设备、软件、内容)，以及电子教材更新费用等都亟待解决。

(3)支持系统问题。涉及电子教材的评价和管理，电子教材注册权限的管理等，需要政府部门详细规划后才能运作。

第二，从教材出版层面来看，主要需要解决出版标准和出版审查问题。

(4)出版标准问题。包括内容标准、呈现标准、内容结构标准(内在的线性结构)等标准问题。

(5)出版审查问题。包括电子教材出版中涉及的多类参编人员的相互关系和电子教材出版发行中涉及的整个利益链问题。

第三，从研究机构层面来看，主要需要解决教学支持和教材开发的问题。

(6)教学支持问题。由于教师具有多年的纸质教材使用习惯，而电子教材作为一种新的呈现形态，如何去适应教师和学生的使用习惯，如何对学生学习过程进行监控等问题需要解决。

(7)教材开发问题。电子教材不仅仅是纸质教材内容的简单数字化，它涉及教学过程的重新设计。这种教材的新型设计和制作软件的研发，以及如何保证教材的质量等问题需要考虑。

第四，从厂商层面来看，主要需要解决阅读终端问题。

(8)阅读终端问题。电子教材阅读需要提供硬件载体，而关于阅读终端设备的屏幕要求、电池续航、充电、接口转换以及使用寿命等问题需要研究。

第6章　我国电子教材未来发展战略规划

6.1　我国电子教材未来发展的原则和目标

以科学发展观为统领，按照党的十七大精神和《国家中长期教育改革和发展规划纲要(2010－2020年)》要求，以加快实现教育现代化为导向，立足当前，兼顾长远，紧密围绕我国基础教育改革的需要，以满足师生发展需要、促进学与教方式变革和培养符合21世纪素质要求的创新人才为目标，以探索适合教学使用的电子教材形态和解决基于电子教材教学的适用性问题为主要任务，以制定电子教材政策法规、相关标准为保障措施，以深入课堂教学应用为重点，切实推动电子教材健康发展，开拓创新、求真务实，形成水平适度超前、与全国教育发展水平相适应的教材建设新局面，适应学生健康成长和全面发展的需求，为培养学生的创新精神和实践能力做出贡献。

6.1.1　主要原则

1. 需求导向，统筹规划

以符合现代教育对教材改革的要求尤其是广大一线教师、学生对新型教材的需求为导向，因地制宜，实事求是，统筹制定切合实际的电子教材发展目标、发展任务和发展路径。通过科学的调研获取用户的真实使用需求，并尊重用户现有的教学使用习惯和阅读习惯，制订科学合理的推进计划，有效促进信息时代下基础教育领域电子教材的健康有序发展。

2. 超前部署，突出重点

研制覆盖城乡各级各类学校教材改革一体化的方案。坚持育人为本，促进教育理念、教学内容、教学手段和方法的现代化。结合全国各省市教育信息化发展现状和发展规划，按照学校教学的实际和发展目标，经过科学充分地论证和部署后，鼓励有条件的学校与出版社、厂商等一起探索电子教材的研发，如探索电子教材研发流程及其教学环境下的新模式，推进区域、城乡教材改革均衡发展。

3. 项目示范，注重实效

电子教材建设与发展中要注重实用性、可操作性和先进性相结合。建设电子教材教学应用项目示范单位，重视电子教材的表现形式、对学生的健康、认知影响等问题的解决方案，坚持以应用促建设，边应用边建设，发挥项目的引领作用。采用可靠的技术来支撑整个电子教材的实施环境，确保电子教材安全、可靠、高效运行，深入研究电子教材的教学效果及适用性，充分合理地利用电子教材的优势，促进电子教材良性发展。

4. 规范标准，稳步实施

电子教材建设是一项十分复杂的基础工程、系统工程。全国各地经济、教育发展不平衡，信息化基础设施各异，要充分实现区域协调发展，必须统筹规划，制定电子教材的内容标准、格式标准和出版标准。在信息化基础设施建设、电子教材内容出版、电子教材运营系统开发、电子教材审核与认证、规章制度建立等方面同步努力，通过整合、研发、共建等多种方式全面推进，促进区域、城乡教育均衡发展。

6.1.2　发展目标

到2020年，基本建成适应信息时代学生学习方式的电子教材研发、出版、评价、管理与有效使用的教育生态环境，如图6-1所示。其中研发包括电子教材的基础研究、内容设计和系统开发等体系；出版包括电子教材编写、出版、发行和运营等体系；评价主要指电子教材使用前的测试、审核、认证和使用效果评估；管理包括电子教材准入和退出机制、监管体系和机制；有效使用主要指符合信息时代学生学习需求和学与教规律的一套方法体系。

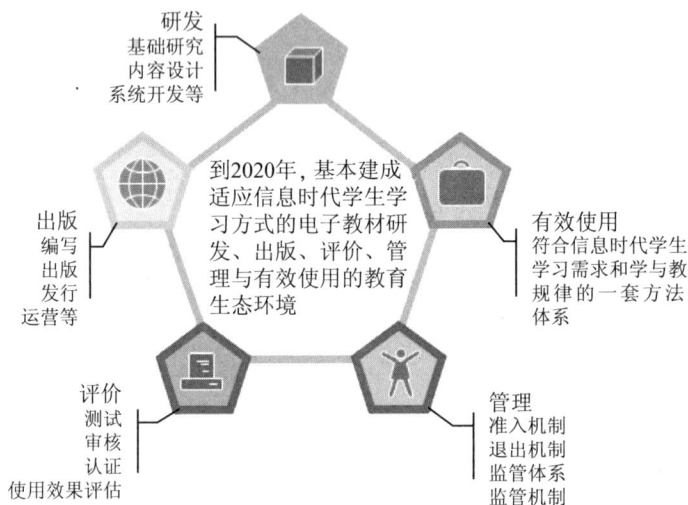

图 6-1 电子教材发展目标

6.2 我国电子教材未来发展的路径规划

为实现电子教材发展目标，笔者制定了电子教材未来发展路径，并对每一阶段教育部、各省市教委、出版社与学校制订了行动计划，如图6-2所示。

6.2.1 第一阶段(2011—2012)

2011—2012年，主要在以下几方面努力：支持电子教材适用性研究；制定电子教材相关标准；开发示范电子教材；开始电子教材评测研

-基本建成电子教材使用的信息化支撑环境
-设立电子教材实验示范校
-研究纸质教材与电子教材共生模式
-形成典型的电子教材示范区
-成立电子教材第三方评测机构
-出台电子教材评审办法
-允许电子教材列入中小学教学用书目录

-开发出适合中小学教师和学生使用习惯的电子教材
-形成电子教材和纸质教材共同存在、自由使用的新局面
-建成适合学生特点的数字化新型学习环境

-支持电子教材适用性研究
-制定电子教材相关标准
-开发示范电子教材
-开始电子教材评测研究

| 第一阶段 | 第二阶段 | 第三阶段 |
| 2011-2012 | 2013-2015 | 2016-2020 |

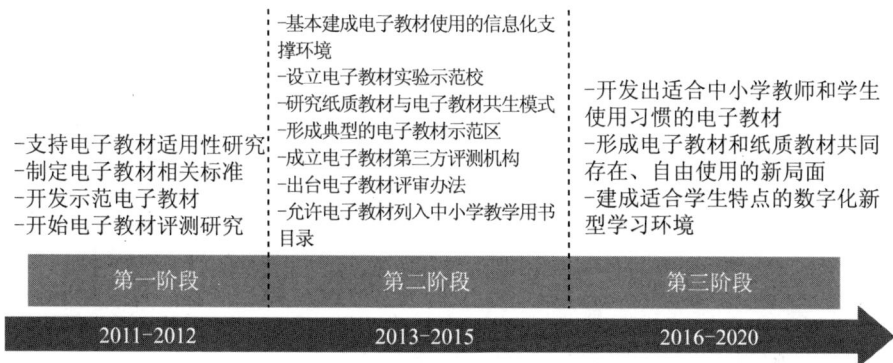

图 6-2　电子教材未来发展路径

究。如图 6-3 所示。

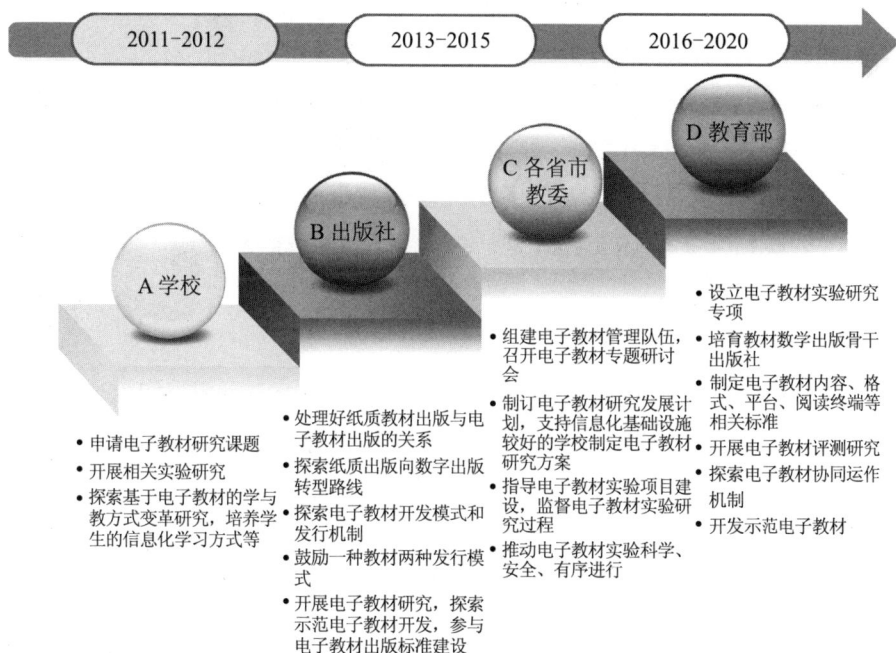

| 2011-2012 | 2013-2015 | 2016-2020 |

D 教育部

C 各省市教委

B 出版社

A 学校

- 申请电子教材研究课题
- 开展相关实验研究
- 探索基于电子教材的学与教方式变革研究，培养学生的信息化学习方式等

- 处理好纸质教材出版与电子教材出版的关系
- 探索纸质出版向数字出版转型路线
- 探索电子教材开发模式和发行机制
- 鼓励一种教材两种发行模式
- 开展电子教材研究，探索示范电子教材开发，参与电子教材出版标准建设

- 组建电子教材管理队伍，召开电子教材专题研讨会
- 制订电子教材研究发展计划，支持信息化基础设施较好的学校制定电子教材研究方案
- 指导电子教材实验项目建设，监督电子教材实验研究过程
- 推动电子教材实验科学、安全、有序进行

- 设立电子教材实验研究专项
- 培育教材数学出版骨干出版社
- 制定电子教材内容、格式、平台、阅读终端等相关标准
- 开展电子教材评测研究
- 探索电子教材协同运作机制
- 开发示范电子教材

图 6-3　电子教材未来发展路径——第一阶段

1. 教育部核心任务

设立电子教材实验研究专项，鼓励教育发达地区省市学校开展电子教材实验研究；培育教材数字出版骨干出版社，鼓励有条件的出版企业率先进行电子教材研发；制定电子教材内容、格式、平台、阅读终端等相关标准；开展电子教材评测研究；探索研究机构、出版社、企业、学校在省市教委支持下的协同运作机制；开发示范电子教材。

2. 各省市教委核心任务

组建电子教材管理队伍，召开电子教材专题研讨会；制订电子教材研究发展计划，支持信息化基础设施较好的学校制定电子教材研究方案；指导电子教材实验项目建设，监督电子教材实验研究过程；推动电子教材实验科学、安全、有序进行。

3. 出版社核心任务

处理好纸质教材出版与电子教材出版的关系；探索纸质出版向数字出版转型路线；组建电子教材出版部门和电子教材开发团队，探索参编人员的相互关系，探索电子教材开发模式和发行机制；鼓励一种教材两种发行模式；开展电子教材研究，探索示范电子教材开发，参与电子教材出版标准建设。

4. 学校核心任务

积极申请电子教材研究课题，积极尝试建设基于电子教材的校本课程，开展相关实验研究，探索基于电子教材的学与教方式变革研究，培养学生的信息化学习方式，提高信息时代学习能力等。

6.2.2　第二阶段（2013—2015）

2013—2015年，主要在以下几方面努力：基本建成电子教材使用的信息化支撑环境；设立电子教材实验示范校；研究纸质教材与电子教材的共生模式；形成典型的电子教材示范区；成立电子教材第三方评测机构；出台电子教材评审办法；允许电子教材列入中小学教学用书目录。

如图 6-4 所示。

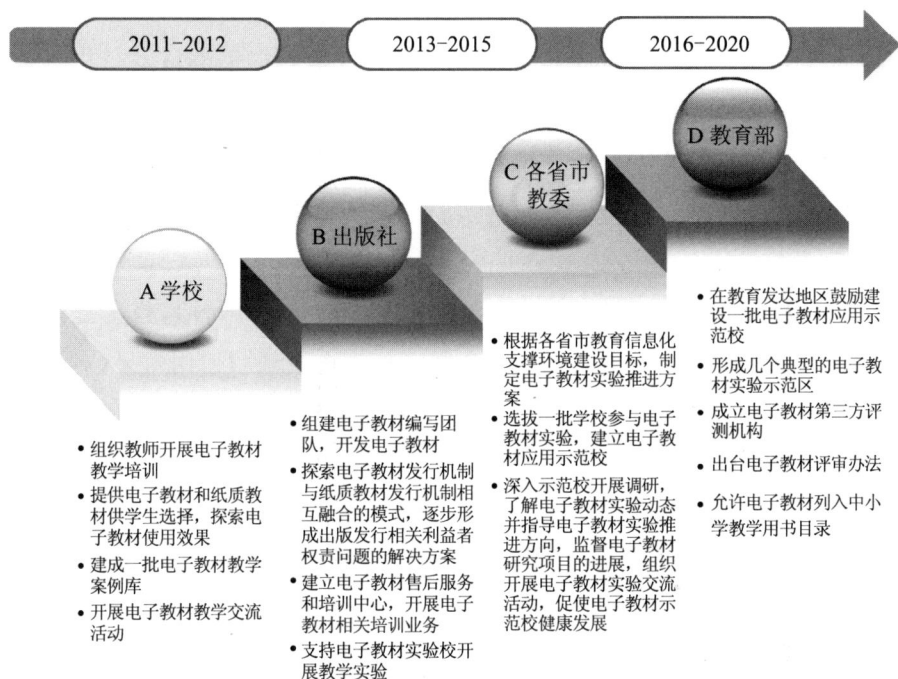

图 6-4　电子教材未来发展路径——第二阶段

1. 教育部核心任务

在教育发达地区鼓励建设一批电子教材应用示范校；形成几个典型的电子教材实验示范区；成立电子教材第三方评测机构；出台电子教材评审办法；允许电子教材列入中小学教学用书目录。

2. 各省市教委核心任务

根据各省市教育信息化支撑环境建设目标，制定电子教材实验推进方案；选拔一批学校参与电子教材实验，建立电子教材应用示范校；深入示范校开展调研，了解电子教材实验动态并指导电子教材实验推进方向，监督电子教材研究项目的进展，组织开展电子教材实验交流活动，促使电子教材示范校健康发展。

3. 出版社核心任务

明确电子教材建设的发展方向，组建电子教材编写团队，直接设计开发电子教材，形成一批高质量的电子教材；探索电子教材发行机制与纸质教材发行机制相互融合的模式，逐步形成明晰的出版发行相关利益者权责问题的解决方案；建立电子教材售后服务和培训中心，开展电子教材相关培训业务；支持电子教材实验校开展教学实验。

4. 学校核心任务

组织教师开展电子教材教学培训；在一些主科和副科科目上提供电子教材和纸质教材两种方式供学生选择，探索电子教材使用效果（对学生认知发展、身心健康影响），针对电子教材可能带来的负面影响形成一套有效的解决方案；建成一批电子教材教学案例库；开展电子教材教学交流活动。

6.2.3 第三阶段(2016—2020)

2016—2020 年，主要在以下几方面努力：依托《规划纲要》中教育信息化建设成果，开发出适合中小学教师和学生使用习惯的电子教材；在全国范围内，形成电子教材和纸质教材共同存在、自由使用的新局面；建成适合学生特点的数字化新型学习环境，充分发挥电子教材促进基础教育教学改革的作用。如图 6-5 所示。

1. 教育部核心任务

负责电子教材运营、监管和准入机制建设；在教育欠发达地区扩大电子教材实验区；完成电子教材审定标准和准入制度；实施电子教材分类评测；进一步扩大电子教材实验范围，实现电子教材与纸质教材自由使用。

2. 各省市教委核心任务

在教育发达省市进一步扩大电子教材实验教学区；在教育欠发达地区建立电子教材实验示范区；召开电子教材专题研讨会和举办电子教材

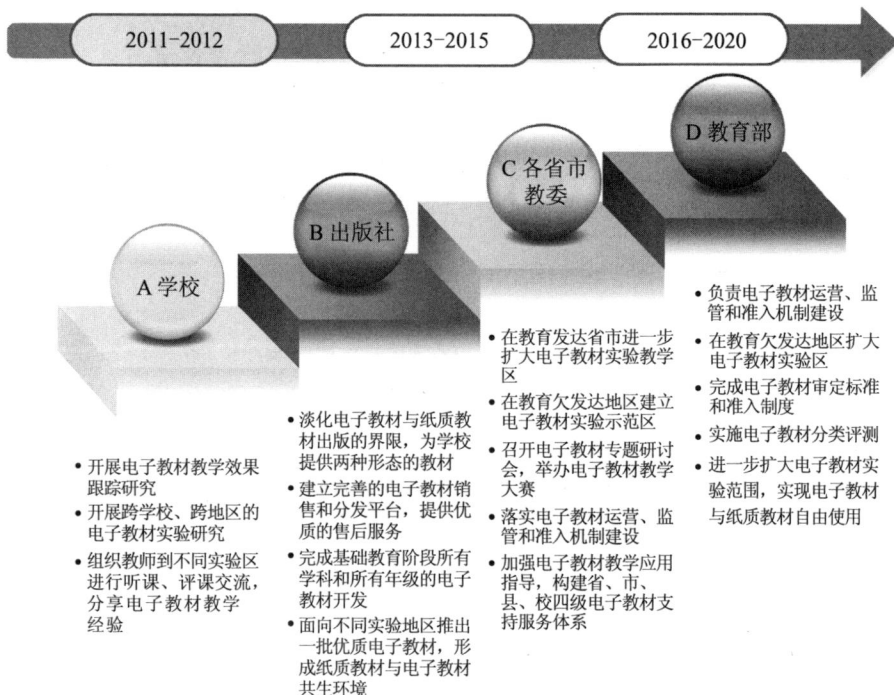

2011-2012　　2013-2015　　2016-2020

D 教育部

C 各省市教委

B 出版社

A 学校

- 开展电子教材教学效果跟踪研究
- 开展跨学校、跨地区的电子教材实验研究
- 组织教师到不同实验区进行听课、评课交流，分享电子教材教学经验

- 淡化电子教材与纸质教材出版的界限，为学校提供两种形态的教材
- 建立完善的电子教材销售和分发平台，提供优质的售后服务
- 完成基础教育阶段所有学科和所有年级的电子教材开发
- 面向不同实验地区推出一批优质电子教材，形成纸质教材与电子教材共生环境

- 在教育发达省市进一步扩大电子教材实验教学区
- 在教育欠发达地区建立电子教材实验示范区
- 召开电子教材专题研讨会，举办电子教材教学大赛
- 落实电子教材运营、监管和准入机制建设
- 加强电子教材教学应用指导，构建省、市、县、校四级电子教材支持服务体系

- 负责电子教材运营、监管和准入机制建设
- 在教育欠发达地区扩大电子教材实验区
- 完成电子教材审定标准和准入制度
- 实施电子教材分类评测
- 进一步扩大电子教材实验范围，实现电子教材与纸质教材自由使用

图 6-5　电子教材未来发展路径——第三阶段

教学大赛，为电子教材研究提供交流平台；在电子教材实验管理工作上，落实电子教材运营、监管和准入机制建设，监督电子教材实验进展；加强电子教材教学应用指导，构建省、市、县（市、区）、校四级电子教材支持服务体系。

3. 出版社核心任务

淡化电子教材与纸质教材出版的界限，电子教材可通过打印、印刷等方式转换为纸质教材，为学校提供两种形态的教材；建立完善的电子教材销售和分发平台，提供优质的售后服务；完成基础教育阶段所有学科和所有年级的电子教材开发；面向不同实验地区推出一批优质电子教材供选用，形成纸质教材与电子教材的共生环境。

4. 学校核心任务

开展电子教材教学效果跟踪研究；打破传统的教育教学方式，实现真正的数字化学习，形成稳定的新型数字化学习方式，进一步提升学生信息时代学习能力和知识迁移能力；开展跨学校、跨地区的电子教材实验研究；组织教师到不同实验区进行听课、评课交流，分享电子教材教学经验。

6.3 我国电子教材未来发展的建议与保障措施

6.3.1 电子教材研究与建设的建议

为顺应基础教育信息化发展需要，应提前在以下方面进行电子教材布局。

1. 电子教材实验基地与研究专项建设

电子教材实验基础建设是探索电子教材教学应用的基础和前提。建议国家级、省部级和厅局级等课题和项目中设立支持电子教材研究的选题，鼓励一些有条件的学校或单位积极申报基于电子教材的教改项目，推进电子教材的教学适用性研究。

2. 电子教材标准与规范体系建设

建立与国家工信部电子书标准规范相衔接、符合国家教材标准的电子教材标准与规范，定义内容标准、呈现标准以及内容格式标准等，形成我国电子教材标准体系。

3. 电子教材评测认证体系建设

随着电子教材应用的深入，阅读终端的安全性及适用性问题也必须得到重视。建设包含教材分析、学生特征和课业等相关内容的教材数据库，为电子教材软件评测与电子阅读终端评测提供研究基础。研究电子教材评测规范，引导、指导、督导电子教材软件和阅读终端产品的设计、开发、评测以及辅助技术的使用和评估；部署电子教材的评测、认证、设备的安全配置等工作。

4. 电子教材研究定期报告公布机制建设

为保障电子教材健康有序地在中小学推进，建立电子教材研究定期报告公布机制，定期向公众公布电子教材实验研究新进展。

5. 电子教材出版结构及送审办法建设

推进教材出版体制改革，加快教材出版结构调整，形成数字出版版权保护技术整体解决方案和数字版权公共管理技术体系。推进电子教材出版相关标准制定与推广工作，推动电子教材出版章程的制定。建立完善电子教材出版准入、评估、审定等机制，规范教材出版单位的行为，制定新的书号核发管理办法。

6. 电子教材教学支撑体系建设

深化基础教育课程教材改革，根据不同阶段学生的成长规律和教育规律，构建符合现代教育理念、具有中国特色的电子教材教学支撑体系。加强电子教材内容及教学资源建设，完善对学生学习过程的记录管理，构建教学支持服务体系。突出学生的主体地位，引导学生主动思考、乐于探索、勤于动手，培养学生的学习兴趣、创新思维和实践能力。

7. 电子教材运营支持系统建设

按照系统规划、分期分批建设原则，加强电子教材运营支持系统建设。形成支持大规模网络访问容量、支撑千万级用户访问能力的运营支持系统。通过统一的用户界面、对电子教材注册权限、电子教材评价与管理等进行统一数据分析与处理。由国家政府整体运作，成立电子教材运营维护部门，统一管理，形成一套有效的电子教材运营解决方案。

8. 电子教材运营中的监督和管理机制建设

电子教材的分发和管理与纸质教材截然不同，为规范电子教材健康有序发展，需要重视电子教材运营中的监督和管理机制建设。通过完善与电子教材相关的法规和制度来建立电子教材的准入机制；积极探索电子教材内容、软件运营平台和硬件阅读设备的审核机制，培养运维服务团队，加强电子教材的管理意识。

6.3.2 电子教材研究与建设的保障措施

1. 体制机制保障

建立与健全电子教材领导机构，建立归口管理、统一协调的电子教材建设专门机构。改革教材管理体制，创新教材建设机制，建立符合电子教材发展规律的项目监管机制、项目咨询机制、标准化推进机制与项目投资机制；完善运行机制，在全国建立电子教材运行服务体系；构建电子教材认证与评估体系，对电子教材研发过程进行有效评估。

2. 经费投入保障

以政府经费投入为主，建立电子教材研发财政专项经费长期投入机制，坚持信息化基础设施由政府统筹建设、各级各类学校协同应用为原则，积极探索其他经费投入方式，鼓励各级各类学校加大信息化建设经费，吸引有实力的企业和出版集团投入电子教材建设，确保充足的经费支持；通过行政和市场两种手段完善电子教材成本合理分担机制，实现多赢的局面。

3. 规章制度保障

建立电子教材建设项目的咨询、审批、标准推进、项目监理、经费使用制度。建立电子教材统筹建设和可持续发展管理制度。建立电子教材安全运行保障制度。根据规划的目标和任务，确定电子教材发展"路线图"，制定"时间表"，选定责任人，确保电子教材建设任务保质保量如期落实。

4. 队伍建设机制

制定电子教材研发和审定队伍建设规划，明确电子教材建设相关人员的职责。在教育主管部门和教材审定部门，建立电子教材标准委员会和审定委员会，健全电子教材的审核、评估和认证机制。在教材出版部门，优化教材出版的队伍结构，建立相应的电子教材建设专业队伍，健全对专业队伍的培养培训机制。

5. 安全保障机制

组建电子教材内容安全和版权安全应急小组，建立电子教材安全应急方案，对访问电子教材的网络安全进行监控，推进电子教材系统安全评级工作，保障电子教材运营平台的数据安全。

附　　录

附录1　美国加州电子教材评审结果统计

阶段1结果(2009年8月11日)

科目		出版商/发行人	名称	符合标准内容
数学	代数Ⅱ	Connexions	高等代数Ⅱ	26/27
	算数	CK-12 Foundation	CK-12 单变量算数	32 of 32
		Dr. H. Jerome Keisler	基础算数：一种极限的方法 Elementary Calculus: An Infinitesimal Approach	32 of 32
		Dr. David Guichard	算术	31 of 32
		Wellesley-Cambridge	算术	31 of 32
	几何	CK-12 Foundation	CK-12 几何	21 of 22
	三角学	CK-12 Foundation	CK-12 三角学	20 of 20
科学	生物/生命科学	CK-12 Foundation	CK-12 生物	63 of 67
		CK-12 Foundation	CK-12 生命科学	61 of 67
		Pearson Education	生物	31 of 67
	化学	CK-12 Foundation	CK-12 化学	73 of 73
		Curriki	开放资源化学课程 Open Source Chemistry Course	44 of 73
	地球科学	CK-12 Foundation	CK-12 地球科学	38 of 46
		Curriki	地球系统 Earth Systems, an Earth Science Course	3 of 46
		Dr. Hugues Goosse	气候动力学与气候模型简介 Introduction to Climate Dynamics and Climate Modeling	13 of 46
	物理	Dr. Benjamin Crowell	光与物质 Light and Matter	43 of 49

阶段 2 结果（2010 年 4 月 26 日）

	科目	出版商/发行人	名称	符合标准内容
历史—社会科学	美国历史 & 地理	美国国务院国际信息局 U. S. Department of State, Bureau of International Information Programs	美国历史概要	68 of 73
数学	算数	Paul Dawkins	算数	31 of 32
	线性代数	Robert Beezer	线性代数入门 A First Course in Linear Algebra	10 of 12
		Paul Dawkins	线性代数	12 of 12
		Jim Hefferon	线性代数	12 of 12
	概率与统计	CK-12 Foundation	CK-12 概率与统计 CK-12 Probability and Statistics	8 of 8
		Connexions	协同统计 Collaborative Statistics	8 of 8
		Laurie Snell	概率入门 Introduction to Probability	Under Review
	高级概率与统计	CK-12 Foundation	CK-12 概率与统计（高段） CK-12 Probability and Statistics（Advanced）	19 of 19
		Connexions	协同统计 Collaborative Statistics	19 of 19
	三角学	Michael Corral	CK-12 三角学 CK-12 Trigonometry	20 of 20

续表

	科目	出版商/发行人	名称	符合标准内容
科学	生物/生命科学	CK-12 Foundation	CK-12 Biology(修订版)	67 of 67
		CK-12 Foundation	CK-12 Life Science(修订版)	67 of 67
	化学	Connexions	化学中的概念发展研究 Concept Development Studies in Chemistry	35 of 73
	地球科学	CK-12 Foundation	CK-12 Earth Science(修订版)	46 of 46
	物理	Dr. Benjamin Crowell	Light and Matter(修订版)	47 of 49
		Motion Mountain	物理学探险 The Adventure of Physics	Under Review

阶段 3 结果(2010 年 12 月 29 日)

	科目	出版商/发行人	名称	符合标准内容
历史—社会科学	美国民主的基本原则	Glencoe/McGraw-Hill	美国政府在线 American Government On-line	39 of 52
	Principals of Economics	Glencoe/McGraw-Hill	经济学：原理与实践 Economics：Principles & Practices	30 of 30
		Teachers' Curriculum Institute	活着的经济：选择的力量 Econ Alive! The Power to Choose	29 of 30
	历史	Glencoe/McGraw-Hill	美国历史在线频道Ⅰ United States History Ⅰ Online	11 of 73
		Glencoe/McGraw-Hill	美国历史在线频道Ⅱ United States History Ⅱ Online	62 of 73

科目		出版商/发行人	名称	符合标准内容
数学	线性代数	Paul Dawkins	线性代数	12 of 12
		Jim Hefferon	线性代数	12 of 12
	高级概率与统计	CK-12 Foundation	CK-12 高级概率与统计（第三版）CK-12 Advanced Probability and Statistics，Second Edition（CADTI3）	19 of 19
	算数	CK-12 Foundation	CK-12 Calculus(CADTI3)	32 of 32
科学	生物/生命科学	CK-12 Foundation	CK-12 生物 CK-12 Biology	67 of 67
		CK-12 Foundation	CK-12 尊重生物 CK-12 Biology I Honors	67 of 67
		Glencoe/McGraw-Hill	Connect Plus Mader Biology	64 of 67
		Glencoe/McGraw-Hill	Glencoe California Biology Online	61 of 67
	化学	CK-12 Foundation	CK-12 化学　第二版 CK-12 Chemistry，Second Edition	73 of 73
	地球科学	CK-12 Foundation	CK-12 高中地球科学 CK-12 High School Earth Science	45 of 46

附录 2　部分访谈提纲

《基础教育电子教材可行性调研》访谈提纲
（教师版）

姓名：＿＿＿＿＿＿＿＿＿　　工作单位：＿＿＿＿＿＿＿＿

联系电话：＿＿＿＿＿＿　　邮件地址：＿＿＿＿＿＿

时长：60 分钟

访谈目的：

● 了解当前所教授课程的备课过程、教学内容、教学组织形式等。

● 了解使用电子教材的需求以及可能带来的正面影响和负面影响。

● 探索电子教材内容设计与开发的建议。

一、了解当前所教授课程的备课过程、教学内容、教学组织形式等
（15 分钟）

1. 您当前选用的哪本教材（主教材、辅导书籍和电子资源）？它有哪些优势和缺陷？（知识编排合理吗？）您在备课过程中如何处理教学内容的？

2. 您当前上课的教室环境是多媒体教室吗？您一般上课的教学过程是如何安排的呢？可以举例说明一下吗？（教学方法、教学策略、教学模式等）

3. 你有使用 CAI 课件上课吗？你对当前的 CAI 课件有什么看法？（特征、功能、作用）

二、了解使用电子教材的需求以及可能带来的正面影响和负面影响
（25 分钟）

1. 您之前听说过电子教材、电子书包、电子书阅读器吗？使用过哪些电子阅读产品？

2. 您认为电子教材会不会取代纸质教材？如果不能，您认为最重要的限制因素是什么？（或者说，您认为电子教材与传统教材哪方面的差距

使电子教材不可以取代传统教材？对学生视力的影响？学生使用教材会不能够理清头绪？还是影响学生的深层次认知？）

3. 您认为数字文本与传统文本的主要区别是什么？

4. 您认为电子教材上增添的网络要素——图片、音频、视频等会不会促进学生对知识的更深层次理解？

5. 您认为电子教材的导航结构会不会增加学生自主选择的能力和自主学习意识？

6. 您认为电子教材丰富的内容和活泼的呈现形式会不会增加学生的学习兴趣和提高学习积极性？

7. 您认为电子教材的优点有哪些？缺点有哪些？

8. 用电子教材教学和用书本教学的教学方式和方法会有改变吗？您认为会有哪些改变呢？

9. 非电脑实验班教师：如果当前的纸质教材换成电子教材，您认为可能带来哪些积极的影响（教材更新），您最担心的是什么？（难以驾驭课堂、无法监控学习过程、增加熟悉新教材的时间、对技术操作的担心）

10. 电脑实验班教师：您认为电脑实验班与传统课堂教学存在哪些差异，您在教学过程中是如何处理这些差异的？您觉得电脑实验班教学最想分享的经验是什么？您当前面临最大的挑战是什么？

11. 向教师演示 iPad 上的电子教材应用程序和教育类应用程序，并让他们自由体验：您认为电子教材如果以这种方式呈现是否合适？您认为还需要有哪些功能？您能否接受触摸的操作方式？iPad 的屏幕大小、质量和电池续航时间是否可以满足您日常应用的需要？

12. 在您教学中，使用纸质教材有哪些不足？

13. 当使用电子教材可以弥补这些不足时，您愿意使用电子教材吗？

14. 您觉得哪些科目以及科目中的哪些内容比较适合做成电子教材，为什么？

15. 您喜欢多大尺寸的显示屏幕？

三、电子教材内容设计与开发的建议(20分钟)

1. 您对现有的教材编排有哪些看法？如果让您参与教材的设计，您有哪些建议？

2. 您认为电子教材在内容设计过程中应该注意的问题是什么？

3. 学科教材制作成电子教材时，您能给我们提一些建议吗？比如教学内容的逻辑结构，它应该具备哪些功能模块？

4. 您认为有必要控制学生使用电子教材的时间吗？

5. 使用电子教材对您的教学方式将会产生什么样的改变？

6. 使用电子教材对您的教学评价将会产生什么样的改变？

7. 若使用电子教材您需不需要培训？如果需要培训，主要关注哪方面的培训内容？

8. 您认为电子书阅读器令人不满意的方面是什么？

9. 您认为在学校推广电子教材会受到哪些阻力？

《基础教育电子教材可行性调研》访谈提纲

（家长版）

姓名：_____　　工作单位：_____

联系电话：_____　　邮件地址：_____

时长：60 分钟

访谈目的：

● 了解家长信息素养、对电子教材费用、电子阅读器产品要求方面的建议。

● 了解家长对学校使用电子教材可能带来的正面影响和负面影响。

● 探索电子阅读设备和电子教材内容设计与开发的建议。

一、了解家长信息素养、对电子教材费用、电子阅读器产品要求方面的建议（15 分钟）

1. 对信息素养的了解，家里有电脑（iPad）吗，有网络吗？你每天花多少时间上网呢？您从事哪方面的工作呢？

2. 您之前听说过电子书包、电子书阅读器吗？使用过哪些电子阅读产品？（iPad）

3. 您愿意为您的孩子购买电子阅读器吗？您会考虑哪些因素作为选择的标准？（价格、大小、尺寸）

4. 给孩子买过电子产品吗？是孩子要求的还是自己去买给孩子的？

5. 使用电子产品是否达到购买时候的预期？（MP3/MP4，文曲星等）

6. 您为孩子购买电子产品的目的——学习？生活？娱乐？其他？

7. 经常上网吗？上网的目的是什么？

8. 电子书包、电子教材是不是价格偏高？

9. 您不打算为您孩子购买电子教材的原因是什么？

（价格昂贵，功能不满意，伤眼睛，对视力不好，个人倾向纸质书籍，没有这个意识）

10. 您觉得学生适合多大尺寸的屏幕？（5 英寸，6 英寸，7.1 英寸，9.7 英寸）

二、了解家长对学校使用电子教材可能带来的正面影响和负面影响（25 分钟）

1. 非电脑实验班家长：如果当前的纸质教材换成电子教材，您认为可能带来哪些积极的影响（学习内容更丰富），您最担心的是什么？（担心孩子成绩下滑、担心小孩对电脑网络的依赖越来越严重、用眼健康、电脑辐射），如果您担心的问题能够解决，您愿意您的孩子使用电子教材（课本）吗？

2. 电脑实验班家长：您为什么赞同您的孩子参加电脑实验班呢？电脑实验班的优势有哪些？您在家有规范孩子的上网行为吗？您觉得孩子参加电脑实验班，您作为家长最想分享的收获是什么？您还有其他方面的建议吗？

3. 向家长展示与演示 iPad 上的优秀书籍和教育类资料，如果使用 iPad 呈现教学内容，您愿意配合学校开展实验研究吗？

4. 对于电子课本的长时间使用有哪些担心？（会不会让学生的书写能力退化？会不会让孩子们的视力每况愈下？）

5. 您认为有必要控制学生使用电子教材的时间，以防止学生过渡沉迷于电子教材吗？

三、电子阅读设备和电子教材内容设计与开发的建议（20 分钟）

1. 如果让您的孩子使用 iPad 呈现教学内容，您愿意配合学校尝试这种新型的教学方式吗？如果您愿意，您希望 iPad 具备哪些功能呢？无须具备哪些功能？

2. 您对孩子现在使用的教材有哪些看法？如果要把当前教材电子化，您在内容设计上有哪些建议？

《基础教育电子教材应用调研》访谈提纲

（学生版）

姓名：_____　　学校：_____

班级：_____　　邮件地址：_____

时长：60 分钟

访谈目的：

● 了解学生的信息素养、学习风格等方面的特征。

● 了解学生有多大程度上愿意改变阅读习惯。

● 探索电子阅读设备和电子教材内容设计与开发的建议。

一、了解学生的信息素养、学习现状等方面的特征(15 分钟)

1. 对信息素养的了解：家里有电脑吗，有网络吗？用过电脑完成哪些学习任务？

2. 您觉得课堂上学习吃力吗？你有购买多媒体学习软件进行自学吗？

3. 您每天花多少时间做作业呢？可以独立完成作业吗？

4. 是否拥有自己的电子产品？什么时候拥有的第一个自己的电子产品？

5. 拥有什么电子产品(MP3/MP4，文曲星等)？用来做什么？经常使用吗？用来学习的时候是自愿的还是爸爸妈妈催促使用？

6. 有没有读过网上的书籍？举例有哪些？

7. 学习中遇到问题会不会去百度找答案？

8. 有没有用过网络学习卡？有没有在网络上听过视频课程？有没有用过学习软件？

9. 老师留不留上网查阅资料的作业？喜欢在网上学习吗？

二、了解学生有多大程度上愿意改变阅读习惯(25 分钟)

1. 您之前听说过电子书包、电子书吗？使用过哪些产品？(iPad)喜欢该产品吗？是里面的哪些功能吸引了你？

2. 您喜欢电脑课吗？如果没有纸质课本，把课本电子化，让你带着iPad学习，你喜欢吗？

3. 如果你愿意接受电子教材学习，你觉得最大的乐趣是什么？有哪些优点？

4. 如果你不愿意接受电子教材学习，你有哪些担心呢？如果您担心的问题都能够解决，您愿意使用电子教材（课本）吗？

5. 上课的时候用不用电脑？

6. 你比较擅长用电脑做什么？

7. 喜欢教材吗？喜欢读课外书吗？课外书和教材更喜欢哪个？为什么更喜欢？

8. 如果把课本搬到电脑上去，然后加上更多图片和音乐，自己想学什么就选择什么，你喜欢吗？

9. 如果你来给自己编教材，你会添哪些你喜欢的东西呢？

10. 是否喜欢通过电脑屏幕读书？更喜欢纸质书还是电脑屏幕读书？

11. 您是否阅读过电子书？（没读过，读过）如果阅读过，使用的是哪种方式？（电子书阅读器，手机、MP3等设备，直接在网上或下载到电脑上）

12. 如果你可以选择使用电子书或相同内容的纸书阅读，你会选择电子书吗？（总是，经常，有时，偶尔，从不）

13. 如果电子书和纸书同时销售，你很有可能购买电子书？（非常同意，基本同意，不确定，不太同意，非常不同意）

14. 您是否有购买电子书阅读器的打算？（从没想过，近期没有此项打算，犹豫是否购买，打算近期购买一台）

三、电子阅读设备和电子教材内容设计与开发的建议（20分钟）

如果让您使用iPad学习，你希望利用iPad完成哪些学习任务？具备哪些功能呢？无须具备哪些功能？

四、学生的关注

1. 提到电子书阅读器(大众化叫法为"电子书",也有品牌称其为"电纸书"),您第一个想到的品牌是?(汉王　台电　艾利　亚马逊　OPPO　方正　纽曼　翰林　爱国者　大唐　金蝉　易博士　其他)

2. 如果您要购买电子书阅读器,您最关注是以下哪些因素(价格品牌,外观,是否是不伤眼的 e-Ink 屏幕,能否使用 3G,能否使用 WiFi,阅读体验是否能更像传统纸质书,其他)

3. 在购买电子书时,第一关注电子书的什么?(价格,质量,品牌)

4. 您喜欢多大尺寸的屏幕?(5 英寸,6 英寸,7.1 英寸,9.7 英寸)

5. 您觉得哪些科目以及科目中的哪些内容比较适合做成电子教材?

6. 在使用电子教材时,您认为应该具有哪些功能模块,有什么好的建议吗?

五、学生对电子书的评价

1. 您认为电子书阅读器令人满意的方面是?(内容丰富,便宜,阅读自由,传播迅速,检索方便,其他)

2. 使用电子书能提高时间利用率?

3. 您认为电子书阅读器令人不满意的方面是?(阅读体验不如纸质书好,需要阅读的内容找不到,长时间注视,非 e-Ink 屏幕伤眼,操作复杂,还是直接买纸质书阅读方便)

4. 您是否认为电子书阅读器会取代纸质书?

(是,因为电子书阅读器带给读者更多方便的感受,使用高科技产品是跟上时尚潮流的一种方式;否,纸质书能带给读者无法取代的阅读感受;其他请说明)

《基础教育电子教材应用调研》访谈提纲

（出版社版）

姓名：＿＿＿＿＿＿＿＿＿　工作单位：＿＿＿＿＿＿＿＿＿

电话：＿＿＿＿＿＿＿＿＿　邮件地址：＿＿＿＿＿＿＿＿＿

时长：60 分钟

访谈目的：

● 了解出版社对教材纸质出版和电子出版的态度。

● 了解出版社对教材电子化已有的经验和存在的问题。

● 了解出版社对电子教材出版费用、发行等环节的操作流程。

一、了解出版社对教材纸质出版和电子出版的态度（15 分钟）

1. 请问贵单位现在出版的教材有哪些表现形式？出版的纸质教材都配有光盘吗？

2. 在贵单位数字出版的刊物中，有哪些电子版的教材辅助学习资料呢？这些资料具有什么特征呢？（辅助学生学习角度）

3. 请问贵单位从什么时候开始尝试电子出版刊物的呢？针对电子出版，当前国家都有哪些相关法律、规章制度？

二、了解出版社对教材电子化已有的经验和存在的问题（25 分钟）

1. 请问贵单位现在开发的教材电子化都有哪几种模式？组织电子出版与以前的纸质出版过程有哪些区别？

2. 在开发配套电子教材的过程中，电子出版教辅材料对出版社有哪些优势？它的显著特征是什么？有没有考虑过开发适合 iPad 教学的电子教材？

3. 向出版社呈现基于 iPad 的一整套教学资源开发模式，并咨询如果采用这种开发方式出版电子教材，出版社有哪些机遇？面临哪些挑战？有哪些问题急需解决？有没有可解决的方案？

4. 学校使用课本配套媒体资源的反响有哪些？

5. 我们已经制作的配套电子资源利用率如何？

6. 怎样评价之前的一些电子教材？

7. 如何形成电子教材评价的标准和方法？

8. 怎样解决电子教材对于农村学生来说不具备普及性的问题？会不会由此引起城乡教育差距的进一步扩大？

9. 你认为电子教材真的推广后，电子教材的版权怎样算？

10. 现在的电子教材项目可以从之前的电子产品制作中获得怎样的启示？

11. 对于电子教材取代传统教材的看法？

三、了解出版社对电子教材出版费用、发行等环节的操作流程（20分钟）

1. 电子出版有相关的出版标准吗？电子出版会涉及哪些重要的出版费用？

2. 如果教材电子化出版，在出版发行方面需要涉及与哪些单位合作？有过合作的经验吗？面临哪些问题急需解决？

3. 电子出版教材的成本比纸质教材低吗？

4. 当前比较好的电子出版教科书相关产品有哪些？有哪些特征？都有哪些对象在使用？

《基础教育电子教材应用调研》访谈提纲

（教育主管部门版）

姓名： _____ 工作单位： _____

电话： _____ 邮件地址： _____

时长：60 分钟

访谈目的：

● 了解教育主管部门对使用电子教材的态度。

● 了解教育主管部门对电子教材相关支持规范的解决方案。

● 了解教育主管部门对电子教材内容设计开发的建议。

一、了解教育主管部门对使用电子教材的态度（15 分钟）

1. 在您管辖的学区中有学校使用电子书包、电子书吗？它们是如何实施的？

2. 您听说过国外在开展一些电子教材的研究吗？您对电子教材是如何理解的？

3. 如果尝试电子教材，您觉得当前哪些学校、学生、教师具备使用电子教材的条件？

4. 在家长经济条件允许的条件下，如果经验证，使用电子教材不会影响学生的学习成绩，您会考虑用电子教材代替传统教材吗？

5. 您对于电子教材取代书本的看法？

6. 学校是否重视搭建完善的信息化教学环境？

二、了解教育主管部门对电子教材相关支持规范的解决方案（25 分钟）

1. 如果使用电子教材，您觉得教育主管单位应该在哪些方面做一些相关支持和建立一些规范呢？

2. 电子阅读设备（如 iPad）是电子教材费用的一笔大开支，您认为哪些单位应该支付电子阅读设备的费用呢？国家应该有哪些立场？

3. 如果采用电子教材，需要建立哪些电子教材相关的标准？在电子教材安全方面，需要有哪些支持和服务？

4. 如果电子教材用 iPad 呈现，您认为 iPad 的屏幕大小、质量和电池续航时间是否可以满足学校日常应用的需要？您认为苹果公司需要提供哪些配套的支持服务？

5. 您认为电子教材会不会促进教师的专业化成长和个性化发展？

6. 您认为电子教材能不能促进家长和学校的沟通，使家长更加关注学生的学校学习？

7. 你认为目前为止尚未形成完整而科学的电子书包产业链是什么原因造成的？

8. 当地是否重视搭建完善的信息化教学环境？

9. 您认为电子教材对农村学生来说具备普及性吗？会不会由此引起城乡教育差距的进一步扩大？

三、了解教育主管部门对电子教材内容设计开发的建议（20 分钟）

1. 如果开发电子教材，您认为电子教材最大的特征应该体现在哪些方面？

2. 电子教材开发需要哪些单位共同参与建设比较合适呢？

3. 电子教材审核机制上面，与纸质教材相比，需要在哪些方面重新建立审核机制？

4. 电子教材在中小学实施，会面临哪些挑战？教育主管部门可以解决的挑战有哪些？

附录 3　教学实验设计方案

方案分为两类实验研究，可以根据界面友好、易用、可无线上网、屏幕显示效果好、电池续航时间长、第三方应用程序丰富、应用程序易开发、易定制等特点为依据选择硬件设备，在电子教材内容方面可与出版社合作。具体研究设计如下：

一、电子教材应用于主科教学的实验研究——以"语文"为例

1. 研究方法

采取了定量与定性相结合的研究方法。定量研究中自变量为教材呈现方式，包含电子教材和传统纸质教材两个水平，因变量为学生语文考试成绩，学习兴趣量表、学业自我效能感量表测试结果。定性研究则包括课堂观察、深度访谈。

（1）被试选择

选取一所北京市小学五年级的学生为被试，随机选取两个班，每班50人，共100名学生，其中男生50名，女生50名，平均年龄11岁。两个班级一个为实验班，一个为对照班。两个班级上一学期的语文考试平均成绩无显著差异。授课教师为同一具有丰富教学经验的教师。

（2）实验材料和工具

实验班使用的实验材料为笔者自主开发的《小学五年级语文》电子教材，电子版教材以软件方式运行在苹果公司 iPad 平板电脑上，内容与纸质教材保持一致，同时利用平板电脑的优势，为一些课文加入了视频、交互式动画等功能，并且做到了课后练习题数字化，学生可以直接在 iPad 上作答，并实时查看结果。

对照班使用的实验材料为传统的《小学五年级语文》纸质教材。

2. 实验程序

对照班按传统模式进行教学。实验班使用电子教材进行教学。实验具体过程分为以下几个阶段。

（1）教学和技术培训阶段

对实验班教师进行使用电子教材备课的教学培训，包括理论、模式、方法培训；对实验班教师和学生进行 iPad 硬件使用和电子教材使用培训。

（2）教学阶段

进行为期一学期的教学，每周均有研究者旁听课程及远程观摩、点评，每两周有一次研究者和教师的现场观摩、点评课程研讨会，以及教学设计方案交流指导。技术支持人员常驻教学一线，以及时解决教学过程中出现的软、硬件问题。

（3）数据收集阶段

定量数据主要通过学生语文考试成绩，自编学习兴趣量表和学业自我效能感量表收集。定性数据主要通过教师访谈、学生访谈、研究者的第三方课堂观察和课堂录像收集。定量和定性数据拟在前期、中期和后期收集三次，以便对比分析研究。

二、电子教材应用于研究性学习教学的实验研究——认"生物"为例

1. 研究方法

本研究的目的是考查电子教材在初中生物探究性学习教学中的应用情况以及教学效果，采取了定量与定性相结合的研究方法。定量研究中自变量为教材呈现方式，包含电子教材和传统纸质教材两个水平，因变量为学生生物考试成绩，学习兴趣量表、学业自我效能感量表测试结果。定性研究则包括课堂观察、深度访谈。

（1）被试选择

选取北京市某中学初中二年级的学生为被试，随机选取两个班，每班 50 人，共 100 名学生，其中男生 50 名，女生 50 名，平均年龄 14 岁。两个班级一个为实验班，一个为对照班。两个班级上一学期的生物考试平均成绩无显著差异。授课教师为同一具有丰富教学经验的教师。

（2）实验材料和工具

实验班使用的实验材料为笔者自主开发的《初中二年级研究性学习》电子教材，电子版教材以软件方式运行在苹果公司 iPad 平板电脑上，内容与纸质教材保持一致，同时利用平板电脑的优势，为一些课文加入了视频、交互式动画等功能，并且做到了课后练习题数字化，学生可以直接在 iPad 上作答，并实时查看结果。

对照班使用的实验材料为传统的《初中二年级研究性学习》纸质教材。

2. 实验程序

对照班按传统模式进行教学。实验班使用电子教材进行教学，在电子教材开发过程中，我们聘请教学设计专家和一线教师重新设计了适合电子教材使用的教学模式。实验具体过程分为以下几个阶段。

（1）教学和技术培训阶段

对实验班教师进行使用电子教材备课的教学培训，包括理论、模式、方法培训；对实验班教师和学生进行 iPad 硬件使用和电子教材使用培训。

（2）教学阶段

进行为期一学期的教学，每周均有研究者旁听课程，每两周有一次研究者和教师的观摩、点评课程研讨会，以及教学设计方案交流指导。技术支持人员常驻教学一线，以及时解决教学过程中出现的软、硬件问题。

（3）数据收集阶段

定量数据主要通过学生生物考试成绩，自编学习兴趣量表和学业自我效能感量表收集。定性数据主要通过教师访谈、学生访谈、研究者的第三方课堂观察和课堂录像收集。定量和定性数据拟在前期、中期和后期收集三次，以便对比分析研究。

参考文献

中文文献:

[1] 陈桄，龚朝花，黄荣怀. 电子教材：概念、功能与关键技术问题. 开放教育研究，2012(2)：28－32.

[2] 黄荣怀，杨俊锋，胡永斌. 从数字学习环境到智慧学习环境——学习环境的变革与趋势. 开放教育研究，2012(1)：75－84.

[3] 黄荣怀，周颖，李德刚等. 2012年度北京市中小学生网络生活方式蓝皮书. 2012.

[4] 崔文霞. 英国："新一代学习"运动方兴未艾. 上海教育，2011(7)：57.

[5] 崔寅. 日本迎来"电子书元年". http://world.people.com.cn/GB/57507/12525904.html,2010.

[6] 高志丽. 电子书包将成为学习的主要工具. 出版参考，2010(3)：11.

[7] 郭娜. 21世纪：将会触摸没有教材的课堂. 科技与出版，2009(12)：48.

[8] 刘常庆，张丹. 美国：搭建电子学习的世界课堂. 上海教育，2011(7)：56.

[9] 唐科莉. 新加坡教育信息化第三期规划的目标与战略. 基础教育参考，2009(4)：46－47.

[10] 王学风. 新加坡中小学信息技术教育改革及启示. 比较教育研究，2001(6)：16－18.

[11] 王玲. 中美中小学教材出版对比. 出版参考，2002(Z1)：34.

[12] 祝智庭，郁晓华. 电子教材系统及功能建模. 电化教育研究，2010(4)：24－27.

英文文献:

[13] Ackerman R，Goldsmith M. Learning directly from screen? Oh-no,

I must print it! Metacognitive analysis of digitally presented text learning[G]//Eshet Y，Caspi A，Gerin N．Proceedings of the 3rd Conference of Chais Research Center for the Integration of Technology in Education：Learning in the Technological Era．Raanana，Israel：Open University of Israel，2008.

[14]Bennett S，Maton K，Kervin L．The"digital natives"debate：A critical review of the evidence．British Journal of Educational Technology，2008，39(5)：775－786.

[15] Donald D R．The use and value of illustrations as contextual information for readers at different process and development levels[J]．Psychology，1983，53：175－185.

[16] McKnigh C，Richardson J，Dillon A．A comparison of linear and hypertext formats in information retrieval［M]//McAleese R，Green C．Hypertext：State of the art．UK：Oxford，1990.

[17] Mihye Kim，Kwan-Hee Yoo，Chan Park，Jae-Soo Yoo．Development of a Digital Textbook Standard Format Based on XML．AST/UCMA/ISA/ACN，2010，363－377.

[18] Oborne D，Holton D．Reading from screens versus paper：There is no difference[J]．International Journal of Man-Machine Studies，1988，28：1－9.

[19] Samuels S J．Effect of picture on learning read，comprehension and attitude[J]．Rev education Res，1970，40：397－407.

[20]Small G W，Moody T D，Siddarth P，Bookheimer S Y．Your Brain on Google：Patterns of Cerebral Activation during Internet Searching．American Journal of Geriatric Psychiatry，2009，17(2)：116－126.

[21]Small G W，Vorgan G．iBrain：surviving the technological alteration of the modern mind．New York：Harper Collins Publishers．2008.

[22] Yen-Hui Lin，Chih-Yong Chen，Shih-Yi Lu，Yu-Chao Lin. Visual fatigue during VDT work：Effects of time-based and environment-based conditions[J]. Displays，2008，29：487－492.

电子教材相关产品的视频及介绍参考网站：

[23] 台北电子书包. http：//v. youku. com/v_show/id_XMTM2ODE2OTI0. html

[24] 电子书包将在中小学推广. http：//www. tudou. com/programs/view/-DfUlv4kUhc/.

[25] 我用电子教材讲课. http：//v. youku. com/v_show/id_XMjU4NzA5ODI0. html.

[26] 创而新网络教材介绍. http：//v. youku. com/v_show/id_XMTI0NDk4NDQ0. html.

[27] 广东中山华师附中英语新目标网络教材观摩课. http：//v. youku. com/v_show/id_XMjMxMjI0OTI0. html.

[28] 首师大附中英语新目标网络教材观摩课. http：//v. youku. com/v_show/id_XMjMxMjMwMzQ4. html.

[29] IDF2011：万利达学习本 PC-A1007 现场评测. http：//pad. yesky. com/499/11962499. shtml.

[30] iPad 学习展望. http：//v. youku. com/v_show/id_XMTkwNDI1MTQw. html.

[31] 科技时代，未来的一天是这样的！http：//v. youku. com/v_show/id_XMjU4NzMzNzMy. html.

[32] 一对一数字化学习. http：//v. youku. com/v_show/id_XMjM1OTI2NTY4. html.

[33] 洛川一对一数字化教学语文课. http：//v. youku. com/v_show/id_XMTc1NTM1OTEy. html.

[34] 一对一数字化教学现场交流控江二小. http：//v. youku. com/v_show/id_XMTc1NTQyMDA4. html.

［35］景山中学的电子教材. http://www. bjjsschool. net/teach/xuex-iyuandi/index. asp? edition＝rj.

［36］人教社. http://www. gopep. cn/♯_l＝/chuzhong/ebook/view.

［37］明博教育电子教材：U 盘. http://v. youku. com/v_show/id_XM-jEwNjY2Mjk2. html.

［38］金太阳北师大小学六年级. http://study. kingsunsoft. com/study/s138_0_0. html.

［39］Inkling. http://www. inkling. com/.

［40］Coursesmart. http://www. coursesmart. com/.

［41］Scroll Motion. http://www. scrollmotion. com/.

［42］Kno. http://www. kno. com.